未完の敗戦

Yamazaki Masahiro

a pilot of wisdom

参考文献からの引用は、読みやすさを考慮して、句読点を補い、カタカナをひらがなに、歴史的仮名遣いを現代仮名遣いに、旧漢字を新漢字にするなど表記を改め、適宜ルビを付しました。また一部については原文の持つ意味合いを尊重しつつ、文語調の表現を口語調に変更しています。

引用文中の［　］内は筆者による補注です。なお、人物名については敬称を略しました。

目次

まえがき——4
第一章　狂気の再発——東京オリンピックに暴走した日本——13
第二章　「特攻」を全否定できない日本人の情緒的思考——68
第三章　なぜ日本の組織は人間を粗末に扱うのか——121
第四章　敗戦時の日本は何をどう反省していたのか——175
第五章　日本が「本物の民主主義国」となるために必要なこと——222
あとがき——288
主要参考文献——297

図版作成／ＭＯＴＨＥＲ

まえがき

日本の社会は、なぜ当たり前のように、人を粗末にするのか？

これは、筆者がこの数年、強く感じている疑問です。

一人一人の市民の暮らしを豊かにすることや、暮らしの安全を確保することが、なぜか社会の優先順位で第一位にならない。

それよりも、国や企業などの集団の都合や利益が優先される。

個人の自由や幸福よりも、集団全体の秩序を平穏に保つことの方が優先される。

そして個々の人間の価値は、自然な形でありのままに存在するものとは認められず、上位者や集団全体への奉仕と貢献の度合いによって評価され、各人は必要とあらば、集団のために自分の生活の豊かさや幸福をあきらめることを求められる。

その構図は、先の戦争中の日本社会、すなわち「大日本帝国」時代とそっくりです。

また、特定の国や民族、性的属性を標的とした差別や偏見を、娯楽のように弄ぶ人の姿も、社会の日の当たる場所で目立つようになりました。そこで差別の対象とされている国や民族や性的属性は、大日本帝国時代にも差別の対象であり、いわば当時の差別思想が時代を超えて現代に継承されていると見ることも可能です。

さらに言えば、日本国民の心理も、最近は戦時中とよく似てきたなと思います。

一人一人の国民が、個人としての主体性を強く持たず、むしろ受け身の思考で、状況や所属集団の上位者、場の空気などにおとなしく従う態度をとる傾向が強いようです。

まるで、物事の是非や善悪、社会全体が進む方向を決定する権限は、今、力を持っている集団の上位者や、集団全体の多数派が持つものであって、一人一人の市民が持つわけではないのだ、とあきらめてしまっているかのように。

その典型が、新型コロナウイルス感染症の拡大が日本で続く中、感染症の犠牲者など視野に入らないかのように、ひたすら「東京オリンピック・パラリンピックの開催」に向けて突き進んだ、日本政府とそれに従う大手新聞・テレビの姿です。

国内の世論調査では、二〇二一年初頭の段階で、今夏開催に反対が六割から八割（調査機関によってばらつきがある）という結果が出ており、内外の医療関係者からは「このまま開催を強行すれば、新たな感染拡大の原因となる可能性がある」「ただでさえ逼迫《ひっぱく》している医療機関にさらなる負担を課す」という警告が発せられていました。

しかし、日本政府はこうした疑問や反対意見に一切耳を貸さず、開催でさまざまな利益を得るＩＯＣ（国際オリンピック委員会）やスポンサー企業の意向、そして政権与党や現職首相の政治的利益を優先して、何万人もの東京五輪関係者を外国から受け入れました。

そして、本来なら権力の暴走を監視し、政府が権限を逸脱する行動に出た時には国民に警鐘を鳴らす役割を担うはずの大手新聞各紙と在京テレビ各局、そして公共放送のＮＨＫは、実質的にその仕事をせず、まるで国民の不安や懸念をあざ笑うかのように、「東京五輪」を国策化して開催を強行する菅《すが》政権の広報機関のような仕事を続けていました。

当初は「今夏開催に賛成」「延期」「中止」「わからない」の四択で、今夏開催に反対の意見が可視化されやすかった大手メディア各社の世論調査が、いつの間にか「観客を入れずに開催」「観客を入れて開催」などを含めた形となりました。これにより、「今夏開催への賛否」から「開催するなら観客を入れるか、無観客か」に論点がすり替わり、自分たちも東京五輪のスポンサーに名を連ねる大手新聞各社は、今夏開催中止を望む国民世論を打ち消すという政府の策略に、自ら加担する道を選んだように見えます。

一体なぜ、社会の構造や国民の心理状態が、目に見える形での「強制」や「命令」があるわけでもないのに、戦前や戦中と似た方向へと回帰しているのか。

それは、先の戦争における「敗戦」が、七七年後の今に至るまで、きちんとした形で総括されず、「完結」していないからではないのか。私はそのように思います。

先の戦争における「敗戦の完結」とは、具体的にどのようなことでしょうか。

まず第一に、最終的な戦争の勝ち負けとは違う次元で、戦争が始まる前の日本社会を支配した「精神文化」や「思考の陥穽《かんせい》（落とし穴）」を改めて検証し、その構造を読み解くこと。そして、破滅へと至る間違った道を当時の日本政府と国民が「正しい道」だと錯覚した原因を突き止めた上で、同じことを繰り返さないための注意点を社会全体で共有し、子どもの教育にもそれを反映させることだと思います。

完全ではないかもしれませんが、現代のドイツは日本とは対照的に、紆余《うよ》曲折を経ながらも「敗戦」を完結させる努力を行い、一定の成果を挙げているように見えます。ドイツにおける

「敗戦」の完結とは、ナチスの精神文化との「決別」であり、社会から「ナチス型の思考法と精神文化」を完全に切除してゴミ箱に捨てる作業を意味します。

それが成果を挙げていることは、先の戦争でドイツが侵略して人々に被害を与えた周辺諸国（ポーランド、デンマーク、オランダ、ベルギー、フランスなど）との間で、比較的良好な関係を再構築することに成功している事実からも明らかです。

日本人は、なぜ死ぬまで働くのか。

日本の経営者は、なぜ死ぬまで社員を働かせるのか。

弾薬や食糧などの補給物資を送らずに「目標の達成」を前線の兵士に要求した、先の戦争における大本営（戦争指導部）と、給料を上げず休息も十分に取らせずに「成果」を現場の社員や労働者に要求する、現代の（すべてではないにせよ、無視できないほど多い）経営者たちの間には、同じ思考形態が共有されているように見えます。

それは、外国人技能実習生と呼ばれる低賃金労働者と、戦争中の東南アジア植民地で徴用した「労務者」との共通点にも見られます。彼らは共に、日本という国や日本企業の利益のために、苛酷な労働環境で道具のように酷使され、搾取される存在です。

こうした現代における社会問題を解決・改善する糸口として、本書は先の戦争における「大日本帝国型の精神文化（思考法）」に現代の視点から改めて光を当て、さまざまな角度から、その精神文化の構造を読み解いていきます。

例えば、兵士が乗る飛行機や船に敵の軍艦へと体当たりさせ、敵艦への損害という「成果」と引き換えに死なせる、非人道的な問題解決法であった「特攻」が、なぜ今も「立派な行い」のように称揚されたり、自己犠牲の美しいドラマとして語り継がれているのか。その理由を掘り下げていけば、実は当時の「大日本帝国型の精神文化」が戦後も生き延びて、現在の日本社会でも生き続けているからだ、という答えにたどり着きます。

多くの日本人は、おそらく自分が「大日本帝国型の精神文化」を自分の中に持っているとは自覚していないでしょう。けれども、最近の日本で各種のメディアがことさら強調する「日本人の素晴らしい精神文化」という概念の中に、実はそれと気づかない形で「大日本帝国型の精神文化」がいくつも埋め込まれています。

現に、戦後の日本では今に至るまでずっと、「大日本帝国型の精神文化」を色濃く持つ政治家や政治団体、言論人が「保守派」と呼ばれます。「保守派」とは、その国の「本来あるべき姿」を守ろうという考えを持つ人々を指す言葉ですが、「大日本帝国型の精神文化」を継承する人々が「保守派」と呼ばれ、そのことに疑問を抱く人が少ないなら、それは社会全体が暗黙のうちに「大日本帝国型の精神文化」を継承している証《あかし》となります。

そうした事実に気づくことが、それを克服する第一歩となるはずです。

本書ではまた、現代の日本人がどうすれば精神文化面における大日本帝国の「敗戦」を完結させることができるかについても、提言を行います。

例えば、「人権」という概念は、日本ではさまざまな文脈で語られる反面、言葉自体が単純化され過ぎて、自分の生活に関係のある話だと思わない人も多い様子です。

しかし、この概念は英語では"Human Rights"で、直訳すると「人間の諸権利」となります。権利（right）の最後に、複数形の"s"がついていることが重要なポイントで、これを「人権」ではなく「人間の諸権利」という言葉に訳してみればどうでしょう。

諸権利というからには、さまざまな権利がそこに含まれるはず。それによって、自分はどんな「人間としての権利」が保障されるのだろう……。

こうした言い換えによって、一人一人の日本人が「人権」という概念について、「自分も生まれた時から、そうした諸権利を当然のこととして持っているのだ」という自覚や実感を持つことができるなら、人々が大日本帝国時代と同じような精神的・肉体的苦痛や我慢、奉仕、犠牲を強いられる境遇から抜け出すことも可能になるはずです。

なぜなら、「大日本帝国型の精神文化」におけるきわめて重要な特徴の一つは、国民一人一人の「人権＝人間の諸権利」をまったく大事にしない、ということだからです。

もし大日本帝国が「人権＝人間の諸権利」を大事にする精神文化を持つ国だったなら、特攻や玉砕（降伏せず全滅するまで戦うこと）の戦法も、海外メディアでは“sex slave”（性奴隷）とも呼ばれる慰安婦（日本軍人の性欲処理に従事した、またはさせられた女性）の制度も、おそらく存在しなかったと思われます。

ここまでの説明を読まれて、大日本帝国の「敗戦」の完結とは、実は「民主主義」と密接な関係があるのでは、と気づかれた方もおられるでしょう。

一九四五年に大日本帝国が降伏した後、連合国による占領統治（日本が歴史上初めて経験した、独立国としての主権喪失状態）を経て、日本国憲法を骨格とする形でなされた体制変換には、日本の「封建的な権威主義国から民主主義国への脱皮」という歴史的な意味もありました。

けれども、国民がいまだに「大日本帝国型の精神文化」に囚《とら》われているなら、日本における民主主義も成熟した形にならず、民＝国民を粗末にする歪《ゆが》みがあちこちで生じるのは当然の成り行きだと言えます。

したがって、もし日本を「本物の民主主義国」として成熟させたいと願うなら、日本国内に残る「大日本帝国型の精神文化」を一つずつ消し去る作業が必要になります。

このように、本書は現代の日本社会に存在するさまざまな社会問題について、「大日本帝国型の精神文化」によって生じる弊害という観点から検証する試みです。

大きな「全体」のために奉仕や犠牲を強いられることなく、一人一人の人間が大事にされる社会を創るために、本書の論考がお役に立てれば幸いです。

第一章　狂気の再発——東京オリンピックに暴走した日本

《猛暑の東京で語られた「東京インパール」という言葉》

◆二〇一八年七月の記録的猛暑と「東京インパール」

二〇二〇年に開催を予定され、新型コロナウイルスの感染拡大により二〇二一年に延期された東京オリンピック・パラリンピック（以下「東京五輪」と略）について、SNSでは「東京インパール」という言葉で呼び表す投稿が数多く見られました。

インパールとは、第二次世界大戦の東南アジア戦域で日本軍が戦った激戦地として知られる、インド東部にある町の名前です（詳しくは後で説明します）。

東京インパールという言葉が広く使われ始めたのは、二〇一八年の夏でした。

この年は、まず七月上旬に記録的な豪雨が主に西日本で猛威をふるい、七月中旬からは沖縄以外で猛暑となって、各地で観測史上最高気温を更新しました。七月二十三日には、埼玉県熊谷市で最高気温四一・一度を記録しましたが、これは二〇二〇年八月十七日に静岡県浜松市で観測された最高気温と同じで、現在も日本記録となっています。

二〇一八年七月二十三日には、二年後の二〇二〇年七月から八月に東京五輪の開催が予定されていた東京都内でも、青梅市の四〇・八度をはじめ、都内の観測所数か所で三九度以上を記録しました。二〇一八年七月全体の最高気温の平均は、東京で三二・七度でした。

また、東京消防庁によると、東京都内で二〇一八年七月一日から三十日までに熱中症で救急搬送された人の数は四二〇一人で、過去最多だった二〇一五年七月の二〇二九人の二倍以上となりましたが、この「一か月」の数字は、二〇一七年の「一年間」に熱中症で搬送された三四五四人をも大きく上回っていました。

記録的な猛暑となった原因は、大陸側のチベット高気圧と、太平洋側の太平洋高気圧が重なり合うようにして日本列島に張り出したことで、同年七月中に日本全国で熱中症により救急搬送された人の数は、五万四二二〇人に達していました。

こんな「殺人的」とも言える猛暑・酷暑の東京で、果たして二年後にマラソンをはじめとする競技を何事もなく行えるのか？　選手や観衆の健康を害するおそれのある状況で、なお東京五輪の開催を強行するのは無謀ではないか？

こうした疑問が、先の戦争中に日本軍が行った軍事作戦の中でも特に「無謀だった」と評価されている「インパール作戦」との類似性を想起させ、東京五輪の開催強行は「インパール作戦と同じでは？」との意見があちこちで語られるようになったのです。

◆インパール作戦とは何か

失敗する可能性を事前に警告されていながら、それを無視し、指揮官の面子《メンツ》や功名心により強行され、予想通りの大損失を被る事例の比喩として、戦後の日本でしばしば語られる「インパール作戦」とは、どのような軍事作戦だったのか？

太平洋戦争終盤の一九四四年三月から七月にかけて、日本軍は、当時のビルマ（現ミャンマー）とインドが国境を接する東南アジアで、対峙《たいじ》するイギリス軍に対して攻勢（攻撃的作戦）を行いました。ビルマとインドは、開戦前には共にイギリスの植民地でしたが、ビルマ領内は一九四二年以降、日本軍が支配下に置いていました。

攻勢を実行した日本軍の現地指揮官は、第十五軍司令官の牟田口廉也《むたぐちれんや》陸軍中将でした。彼は、インド北東部にあるイギリス軍の飛行場が、中国戦線で日本軍と戦う中国国民党軍に対する支援物資輸送の中継点となっている事実を重視し、これらに繋《つな》がる鉄道線を占領することで、中国戦線の戦況を日本軍に有利な方向へ傾けようと考えていました。

インパールという町は、この作戦で日本軍が進撃する予定の目標の一つでした。

しかし、日本軍の第十五軍が作戦計画を立案する段階で、この攻勢には大きな問題がいくつも存在することが判明します。

特に重要なのは、戦場一帯の地形が険し過ぎることでした。ビルマ西部のチンドウィン川と、ビルマとインドの国境付近に連なるアラカン山系（山脈）は、歩兵部隊の移動には苛酷で、トラックが通行可能な道路も事実上一本しかなく、その道路がない場所を前進する部隊は、食糧や弾薬などの補給物資の輸送手段を維持するのが困難でした。

また、この地方は春の雨期に入ると滝のような豪雨が連日降り続き、軍事行動の継続は至難となることから、成功まで数か月を要する大規模な作戦には適さない場所だと考えられていました。しかし、牟田口司令官は「日本軍がインド領内に侵攻すれば、イギリス統治に不満を抱く現地のインド人が立ち上がって日本に味方するかもしれない」という、根拠の薄弱な希望的観測で作戦の実行を正当化しました。

第十五軍の参謀長（専門的見地から司令官に助言を行う補佐的役割）を務める小畑信良《おばたのぶよし》少将は、自ら飛行機で作戦予定地のアラカン山系の地形を確認し、道もろくにないジャングルと山と谷で兵站《へいたん》（補給輸送）を維持するのは困難だと判断して、作戦計画の放棄を牟田口に求めました。しかし牟田口は彼の助言を無視し、参謀長を解任しました。

一九四四年三月八日、日本軍はインパール作戦を開始し、日本アルプスとほぼ同じ高さ（標高三〇〇〇m前後）の山々を越えてインド領内へと侵攻しました。四月には、作戦目標のインパールに迫りましたが、事前に予想された通り、前線の日本軍部隊は補給物資の欠乏によって戦闘能力が低下しており、攻撃の続行は不可能でした。

牟田口は兵站問題の解決策として、トラックの代わりに牛や山羊《やぎ》などの家畜に補給物資を積んで部隊と一緒に進撃させ、食糧がなくなれば家畜の肉を食べるよう命じました。彼はこの方策を「ジンギスカン作戦」と称して自賛しましたが、これらの動物はインド領に入る以前のチンドウィン川を渡河する際に、半数が溺れて積み荷ごと流され、残りの半分も山地で転落したりジャングルで逃げ出したりして失われました。

そして、雨期が始まると前線の日本兵は危機的な状況となり、部隊の指揮官は退却許可を求めましたが、牟田口は許さずに攻撃続行を命じました。四月下旬にはすでに、予定していた作戦の達成は絶望的だと判明しており、この時点で攻撃の中止と撤退を命令していれば、多くの日本兵が生き延びられた可能性がありました。

けれども、牟田口は五月になっても六月になっても攻撃を続行させ、飢餓に直面する前線部隊の退却を許可しませんでした。

七月二日、第十五軍の上級司令部であるビルマ方面軍司令部は、インパール作戦の中止を命令しましたが、すでに前線の日本軍部隊は組織を維持できなくなって敗走しており、栄養失調で衰弱した身体《からだ》で豪雨の山地やジャングルを歩いた兵士の多くは、道端に倒れて飢餓や病気で命を失いました。高温多湿の気候により死体はすぐに白骨化したため、兵士の退路は「白骨街道」と呼ばれました。

こうして、インパール作戦は完全な失敗に終わり、牟田口が期待したインド人の反乱も起きず、作戦中に少なくとも二万人、敗走途中の餓死者や自決者を含めれば三万人以上とされる日本軍兵士の命が失われることになりました。

◆兵站軽視、人命軽視、中止の決断の先送りという共通点

結果だけを見れば、二〇二一年の東京五輪ではインパール作戦のような大きな犠牲を生み出

さずに済みましたが、インパール作戦の顚末《てんまつ》を知れば、東京五輪の開催に邁進《まいしん》した日本政府や関係諸機関の姿と、本質的に重なる面がある事実に気づくでしょう。

二〇二一年六月七日、米国CNNはネットの日本語版サイトで「五輪の『スーパースプレッダー』を危惧、現状での開催に米専門家が警鐘」という記事を公開しました。

その内容は、医療倫理を専門とする米ニューヨーク大学グロスマン医学部のアーサー・カプラン教授と、ジョージ・ワシントン大学のジョナサン・ライナー医学・外科学教授が共に、東京五輪での公衆衛生問題の軽視を危惧しているというものでした。

カプラン教授は「全ての大手報道機関には、スポーツ面だけでなく、公衆衛生面にも同じくらい注意を払う義務がある」、ライナー教授は「スポーツイベントのためにそれほど多くの人材や資源を消費することは果たして公正なのか。資金や物理的資源はもっと多くの国民にワクチンを接種してもらうために費やした方が良くないか」と指摘しました。

スーパースプレッダーとは、感染症で大規模な二次感染を引き起こす原因となる感染者のことですが、東京五輪がそうした「感染の激増を引き起こす『スーパースプレッダーイベント』」になり得るのではないか、との懸念は、日本と諸外国の多くの医療関係者が表明していました。

この二日後の六月九日、「毎日新聞」は、元イリノイ大学シカゴ校教授で産業衛生士のリサ・ブロッソー博士のインタビュー記事を掲載しました。

ブロッソー博士はその前月に、米医学誌「ニューイングランド・ジャーナル・オブ・メディシン」で、IOCの新型コロナ対応の不備を批判しており、インタビューでもその問題点を指摘しました。

具体的には、空気中に漂うウイルスを含んだ微粒子「エアロゾル」によって感染が広がる可能性への認識不足や、競技ごとに異なる選手の感染リスクへの無理解、スタッフやボランティアの感染リスクの軽視などで、日本国内でのワクチン接種の遅れについても深刻な不安材料と見なした上で、次のような懸念を語りました。

「世界二〇〇カ国から人が集まれば、何種類もの変異株が持ち込まれる可能性がありますよね。英国株など既に認知されているものならまだしも、新種に対応することは難しいでしょう」「私自身は今回のオリンピック・パラリンピックの開催に懐疑的な立場です」

同じ日の「朝日新聞」は、東京都立松沢病院の斎藤正彦名誉院長の寄稿を掲載しました。斎藤名誉院長は、現状で東京五輪を開催して医師や看護師、薬剤師、検査技師を五輪会場や選手村に派遣すれば、すでに逼迫した状況にある日本の医療従事者にさらなる負担を課すことになり、公的病院の機能低下は、市民に対する通常の医療業務にも悪影響を及ぼすと指摘した上で、次のように警鐘を鳴らしました。

「もちろん、五輪・パラリンピックの期間中、都内の感染が劇的に抑制され、医療機関のパフォーマンスが十分に維持できるという可能性だってある。しかし、根拠のない楽観的な見通しに立って、五輪・パラリンピックを強行するということは、市民の健康や生活を賭けて偶然に左右されるサイコロ賭博をするのに等しい。中止すれば確実に回避することができる大きなリスクを承知で、なお、五輪・パラリンピックを強行するという博打《ばくち》を打つ政治的決定が、倫理的に許されるかどうかという問題である」

これらの医療関係者による警告は、インパール作戦の計画段階で第十五軍の小畑信良参謀長が牟田口司令官に発した警告と、きわめて似通っています。

兵站（物理的な裏付け）軽視と希望的観測への過度な傾倒、場当たり的な解決法への依存、事態が悪化していると判明した後の中止決断の先送り。そして、人命の軽視。

東京五輪がなぜSNSなどで「東京インパール」と呼ばれたのか、これらを見ればその理由をおわかりいただけたかと思います。

二〇二一年の東京五輪は、「先の戦争中の大日本帝国」と、今、我々が住む「現在の日本」が地続きであること、前者の問題点が今もなお、我々の身の回りに存在していることを、戦争とは別の形で可視化する出来事だったと言えるでしょう。

《なぜ日本人は「オリンピック」を特別視するのか》

◆日本人が当たり前のように「聖火」と呼ぶ「オリンピックの火」の実体

それにしても、日本におけるオリンピックの扱いは尋常ではありません。

オリンピックは、人の命を危険に晒《さら》してまで、開催すべき大会なのでしょうか?

そもそも、オリンピックというスポーツイベントは、古代ギリシャで紀元前八世紀に始まった「オリュンピア祭」が起源とされますが、記録に残る範囲では西暦三九三年に開催された回が、この祭りの最後でした。

そして、現在行われている「近代オリンピック」は、一八九六年に第一回がギリシャのアテネで開催されたもので、この間の約一五〇〇年間は、オリンピックというスポーツ大会がこの世に存在していませんでした。

つまり、古代の「オリュンピア祭」と現在の「近代オリンピック」は、後者が前者の要素をいくつか取り入れてはいるものの、本質的にはまったく異なるスポーツイベントだという事実を、我々はまず頭に入れておく必要があります。

この違いを理解していないと、東京五輪というイベントを日本の社会でどの程度優先・尊重すべきなのかという判断が狂ってしまうからです。

東京五輪は、何かの神様に供える「神事」ではありませんし、宗教的な「聖なる儀式」でもありません。あくまで、人々の暮らしが健全な形で営まれている社会で、文化的な行事の一つとして開くのが、オリンピックというスポーツ大会の本来の在り方です。

にもかかわらず、日本国内ではオリンピックがあたかも「神事」や「聖なる儀式」であるかのような思い込みや、それを助長するメディアの演出が数多く見られます。その影響で、「東京五輪のため」と言われると、一般の人々が生活上の不便や、公金支出の負担などの不利益を我慢しなくてはならないような風潮が社会に広がっています。

ここまでの「勘違い」は、オリンピック発祥の地であるギリシャにすら存在していません。例えば、二〇二〇年三月十二日、ギリシャ南部のオリンピア遺跡で、同年開催される予定だった東京五輪のための「オリンピック・トーチ・リレー」の採火式が行われ、リレーがスタートしましたが、翌三月十三日に、ギリシャ・オリンピック委員会（ＨＯＣ）はリレーを中止する決定を下しました。

理由は、トーチ（たいまつ）を見るために大勢の観衆が集まり、新型コロナ感染予防の観点から「継続は望ましくない」と判断したからでした。

つまりギリシャの人々は、オリンピック委員会の人間であっても、当たり前のこととして、人の命と健康をオリンピックという興行イベントより優先したのです。

オリンピア遺跡でのトーチへの採火は、神殿で行われますが、それを執り行う一一人の「巫《み》女《こ》」は、古代風の衣装をまとった女優が演じており、本物の宗教的行事ではありません。あくまで、オリンピックという興行イベントを演出するための「芝居」です。

ちなみに、あのトーチの火を、日本以外の多くの国々では「聖火」と呼んでいません。英語でもフランス語でも、ドイツ語でもロシア語でも、公式文書やメディアの報道であの「火」を言い表す言葉は「オリンピックの火（英語では『オリンピック・フレーム』）」です。そして、火のついたトーチは「オリンピック・トーチ」で、その火を伝達するリレーは「オリンピック・トーチ・リレー」です。

近代オリンピックで、大会を演出するための小道具として「オリンピックの火」が最初に使われたのは、一九二八年のアムステルダム大会でしたが、当時はまだ「ギリシャからのリレー」はありませんでした。このリレーを最初に導入したのは、一九三六年のベルリン大会で、その目的はオリンピックという催しをドイツの国威発揚に政治利用することであり、ヒトラーのナチス政権はトーチのリレーをその演出として宣伝しました。

こうした事実を知れば、日本国内の「オリンピック観」が、諸外国と比べて異様なほど宗教的側面を帯びている理由がわかるのではないかと思います。諸外国の人々が単に「オリンピックの火」と呼ぶ、人工的な演出でしかないものを、日本人は「聖火」と呼んで過剰に神聖視し、絶対に消してはならないかのように理解しています。

そんな「『オリンピックの火』の過剰な神聖視」が、そのまま「オリンピックの過剰な神聖視」にも繋がり、そのためなら人々の暮らしが圧迫されたり危険に晒されても、我慢しなくてはならないかのような思い込みが社会に広がっています。「週刊文春」二〇二一年四月二十二日号は、四七都道府県が東京五輪の「聖火リレー」のために支出した税金の総額が、少なくとも約一一六億円に及ぶと報じました。

こんな思い込みに囚われることが、果たして健全だと言えるでしょうか？

◆外国の権威に弱い日本人の権威主義思考

もう一つ、日本でオリンピックが過剰に神聖視される理由として考えられるのは、日本社会で根強い「外国の権威に対する弱さ」であるように思います。

ノーベル賞、ギネスブック、世界遺産、ミシュランの格付けなど、日本では外国の権威に認められることが無条件で礼賛され、もてはやされます。その姿は、まるで先生に褒められて喜ぶ生徒のような無邪気さで、特にノーベル賞と世界遺産は、自分とはまったく無関係な個人や場所が選ばれても、それが日本人や日本国内であるなら、自分の価値もそれによって高まったかのように誇らしげな態度をとる人も珍しくありません。

これらの中でも、ノーベル賞はオリンピックと似た面をいくつも持っています。数種類の分野に分かれており、その中に「平和賞」があることで賞全体に「平和」のイメージが付与され、受賞者には金メダルが授与されます。権威あるノーベル賞の受賞は、物理学や化学、医学、文学などの分野で「第一人者」と認定された証であり、その名声は、個別の受賞理由をよく理解していない人の間にも広く響き渡ります。

日本人がノーベル賞を受賞した際のマスメディアの報じ方も、オリンピックで日本の選手が金メダルを獲《と》った時とよく似ています。日本の研究環境に問題があるからと海外に拠点を移した人や、日系の外国人であっても、「日本人」という属性が強調されます。

そういう報じ方をすれば、日本人はより盛り上がると理解しているからです。

オリンピックは、「オリンピック憲章（オリンピック・チャーター）」という、基本的な理念や原則をまとめた公式文書に則《のっと》って開催されます。この憲章には、オリンピックというスポーツイベントの崇高な理念が列挙され、オリンピックが「他のスポーツイベントとは別格の、価値が高い行事」であると信じさせる重要な効果を生んでいます。

その心理的効果もあり、ＩＯＣのトーマス・バッハ会長はまるで独立国の国家元首のように、開催国の政府から恭しく歓待され、迎賓館で歓迎会が催されたりします。

けれども、実際のオリンピックは、ここに示されている「崇高な理念」からほど遠い形で、日本の社会にさまざまな影響を及ぼしています。

例えば、憲章の第五七条に「ＩＯＣとＯＣＯＧは国ごとの世界ランキングを作成してはならない」という文言があります。ＩＯＣは国際オリンピック委員会、ＯＣＯＧは開催国のオリンピック組織委員会（オーガナイジング・コミッティー・フォー・ジ・オリンピック・ゲームズ）のことで、東京五輪組織委員会の場合はＯＣＯＧの頭に「トーキョー」が付いて、ＴＯＣＯＧという略称で呼ばれます。

ところが、その東京五輪組織委が制作・運営していた公式サイトを、二〇二一年八月八日に見たところ、その中に「メダル順位」というページがあり、一位＝アメリカ合衆国、二位＝中華人民共和国、三位＝日本、四位＝英国、という順位と、各国が獲得した金メダル、銀メダル、銅メダルの数を記した表が示されていました。

しかも、この順位（国別のランキング）は、獲得した金・銀・銅メダルの合計でなく、金メダルの数だけを基準にしています。銀メダルと銅メダルを含めた合計メダル数のランキングも一応併記されていますが、その順位だと日本は三位ではなく五位に転落します。

ちなみに、八月八日に朝日新聞と毎日新聞の公式サイトを確認したところ、毎日は「メダルランキング―東京オリンピック」、朝日は「国別メダルランキング」というタイトルで、これと同じ（日本が三位の）表を掲載していました。

オリンピック憲章の第六条には「オリンピック競技大会は、個人種目または団体種目での選手間の競争であり、国家間の競争ではない」と、明記されています。にもかかわらず、東京五輪組織委は堂々と、国ごとのメダル獲得数ランキングを公開しており、NHKや日本の大手新聞・テレビも「日本人選手が金メダルラッシュ」などと、あたかも国家間の競争であるかのようなオリンピック報道を、開催中ずっと続けていました。

こうした、本来「個人種目または団体種目での選手間の競争であり、国家間の競争ではない」と定められているオリンピックを、東京五輪組織委や大手新聞・テレビが当たり前のように「国家間の競争」として扱い、日本人選手の活躍に光を当てるのも、そうした方が「多くの日本人に支持される」と理解しているからです。

ノーベル賞の受賞者が日本人であるか否かに最大の関心を寄せるのと同様、オリンピックのニュースにおいても、日本人がメダル、特に金メダルを何個獲得したかが、最も重要な情報として大きく扱われます。つまり、競技そのものよりも「日本人の活躍とメダルの獲得」に、日本のオリンピック報道では重点が置かれているのです。

◆実は世界ではあまり注目されていなかった東京五輪

日本国内では、NHKと新聞・テレビが連日、横並びで東京五輪を盛り上げる報道を行っていましたが、日本以外の国は、東京五輪をどう見ていたのでしょうか？

東京五輪の開会式が行われた二〇二一年七月二十三日、時事通信は「見守る世界、祝祭ムード遠く　『コロナ深刻』『興味ない』―東京五輪」という記事を公開しました。

その中で、二〇二四年にパリで夏季オリンピックの開催が予定されているフランスの状況にも触れていましたが、同国で七月十三日に公表された世論調査結果によれば、フランス人の58%が、コロナ感染拡大を理由に「東京五輪を開催すべきではない」と回答し、68%がオリンピックに「興味がない」と答えていました。

その八日後の七月三十一日、米「ワシントン・ポスト」紙は「東京大会（オリンピック）は続くが、アメリカの視聴者は付いてこない」というタイトルの記事を公開しました。

その記事は、オリンピックのテレビ中継権を握る米NBCテレビの東京五輪の視聴率が伸び悩んでいるという話がテーマでしたが、同じ週に公表された、アメリカ国民を対象としたモンマス大学による世論調査の結果の一部も、記事中で紹介していました。

それによれば、調査対象のアメリカ人のうち、東京五輪に「とても興味がある」と答えた人はわずか16%で、「少し興味がある」は43%、「まったく興味がない」は41%でした。また、調査対象の約一割の人が、すでに開幕している東京五輪について「聞いたことがない」と回答しました。

七月二十八日に公表された、このモンマス大学のアンケート調査を詳しく見ると、東京オリンピックを「たくさん観《み》る」というアメリカ人は11％、「多少は観る」が27％、「少しは観る」が32％で、「観るつもりは全然ない」は30％でした。そして、回答者全体の三分の一を超える36％は「以前に比べてオリンピックへの関心が薄れた」と答えていました。

オリンピックというスポーツイベントに対する関心の度合いは、国によって違いがあるので、この二つの例だけで全体を判断することはできませんが、アメリカ人の約四割と、フランス人の約七割が「東京五輪に興味がない」と回答した事実は、過熱気味とすら言えるほどの連日の東京五輪報道に触れてきた日本人には、おそらく予想外で、ショッキングな事実でしょう。

世界中の人々が注目する「日本の魅力を世界に発信する機会」としての東京五輪。四年に一度のオリンピックという、唯一無二の「権威ある大イベント」なのだから、世界各地の人が強い関心を持って、テレビ中継を食い入るように観ているはず――。

テレビ各局がオリンピックを宗教的行事のように美化礼賛し、会期中は朝から晩まで熱に浮かされたように関連ニュースばかり報じた日本国内の状況だけ見ていれば、そんな思い込みに囚われてしまいます。「世界中が注目する大イベントなのだから、東京五輪は現在のような非常時でも、無理をしてでも開催しなくてはいけないのだ」と。

しかし実際には、日本以外の国々におけるオリンピックの扱いは、決して軽くはないとはいえ、数ある「国際スポーツ大会」の一つでしかなく、人の命や健康を後回しにしてでも開催せねばならないものだとは見なされていないのです。

《新型コロナ感染拡大でも「東京五輪は開催する」と言い続けた菅首相》

◆「開催と中止の基準」の説明を拒み続けた日本政府

それでは、日本政府はどのような優先順位で判断を下したのか。

民主主義が成熟した国では、政府が政策を決定する際、自国民の命と健康、暮らしを優先順位の第一位に置くというのが原則です。

民主主義＝デモクラシーとは、古代ギリシャ語で「民衆」を意味する「デーモス」と、権力を意味する「クラトス」を組み合わせて作られた「デモクラティア」を語源とする概念で、日本語の「民主主義」もおおむね原語の意味を正しく反映した言葉です。

これに対し、民主主義が成熟していない国、例えば強圧的な独裁政権が支配する国や、政治が腐敗している国では、政府が政策を決定する際に、一般国民の命や健康、暮らしが優先順位の第一位に置かれることは、まずありません。そのような国では、当たり前のように、政治指導者たちの政治的・金銭的利益や、その指導者と親密な関係にあるごく一部の国民（特権階級）の利益が、残りの大多数の国民の命や健康より優先されます。

そして、民主主義が成熟していない状態に慣れて適応した国民は、そのような優先順位をおかしいと思わず、社会とはそういうものだとあきらめて従ってしまいます。

東京五輪の開催に至るまでの日本政府内での議論や、政府トップである首相の発言などを見ると、今の日本は前者の「民主主義が成熟した国」ではなく、後者のグループに属すると言わざるを得ないでしょう。

もし、開催前と開催中の首相だった安倍晋三と菅義偉《よしひで》が、優先順位の第一位を「自国民の命と健康、暮らし」と考えていたのであれば、医療関係者らの助言を踏まえた形で、新型コロナの感染状況に対応する「開催と中止の基準」を示していたはずだからです。

開催地である東京都や関東近県における、感染者数や実効再生産数などの数値に基づいて、感染状況が特定の基準の範囲内なら東京五輪を開催するが、その基準をオーバーすれば中止する、あるいは中止を政府内で検討するというのが、自国民の命と健康と暮らしを政策判断の優先順位の第一位に置く、成熟した民主主義国の考え方です。

けれども、安倍と菅の判断は違いました。

安倍政権下で開催が一年延期された後、首相となった菅義偉は、新型コロナの感染が拡大している中でも東京五輪の開催を強く主張しました。開催と中止の「基準」や、中止や延期という選択肢の想定について、記者や野党議員から何度質問されても、菅は「私自身は（五輪の開催と中止の決定権を持つ）主催者ではありません」（二〇二一年六月七日の参院決算委員会での答弁）などの言葉で、回答をはぐらかし続けました。

先に述べた通り、ギリシャのオリンピック委員会は二〇二〇年三月十三日、観衆が沿道に集まることで新型コロナ感染が拡大するのを避けるため、つまり自国民の命や健康を優先して「オリンピック・トーチ・リレー」の中止を決定しました。しかし、日本の東京五輪組織委は同日に「日本国内での『聖火リレー』は予定通り行う」と宣言しました。

菅官房長官（当時）も、四日後の三月十七日の閣議後の記者会見で、東京五輪と福島県で行われる「聖火リレー」の「グランドスタート」を「予定通り行う」と明言しました。

その後、当時の安倍首相はリレーのスタートが予定されていた三月二十六日の二日前の二十四日に「東京五輪開催の一年延期」を発表しましたが、その一年後の二〇二一年三月二十五日、東京五輪の「聖火リレー」は福島県をスタートし、実質的に「自国民の命や健康よりも東京五輪の開催を優先する」形で、全国各地で実行されました。

しかし現実には、新型コロナの感染が収束していない状況で、当初予定していたような「リレー」が行えるはずもなく、多くの場所では「リレーと称する点火セレモニー」だけで形式を取り繕うことを余儀なくされました。

◆「死んだり後遺症が残ってもIOCの責任は問わない」との誓約書

二〇二一年四月二十三日、日本政府は新型コロナ感染拡大に伴い、東京、大阪、京都、兵庫の四都府県を対象に、三度目の「緊急事態宣言」を発令し、五月二十八日には宣言の期間を六月二十日まで延長すると発表しました（一度目は二〇二〇年四月七日から五月二十五日、二度目は二〇二一年一月八日から三月二十一日）。

この延長に際し、五月二十八日に記者から「緊急事態宣言の発令中に東京五輪を開催できるのか？」と問われた菅首相（当時、以下同）は「国民の命と健康を守るのは政府の責務。さまざまな声に耳を傾け、配慮しながら準備を進める」と答えましたが、論理的に考えれば、この言葉が質問への「答え」になっていないことは明白でした。

本当に「国民の命と健康を守るのは政府の責務」と思うのであれば、「感染拡大が今後も続くなら東京五輪の中止も検討する」との結論になるはずだからです。

この日（五月二十八日）の「読売新聞」は「五輪日本選手団の結団式と壮行会、オンラインで開催へ…JOC」という見出しの記事を公開しましたが、その内容は、七月六日に実施予定の「東京五輪日本選手団の結団式と壮行会」を、コロナ感染を防止するためにオンライン形式で行うとの方針が、五月二十七日に決定したというものでした。

東京五輪に参加を予定している日本選手団の結団式と壮行会すら、感染予防の観点からオンラインでしか行えない状況なのに、菅首相は開催の姿勢を崩しませんでした。

翌五月二十九日、「毎日新聞」は「コロナも熱中症も『自己責任』　IOC、東京五輪選手の同意書で」という見出しの記事（共同通信配信）を公開しました。

IOCが東京五輪の参加選手に求めた参加同意書に、コロナ禍で高温多湿な時期に行われる東京五輪では、コロナやその他の感染症、猛暑により、健康被害や死亡に至る可能性があるが、そのリスク軽減と回避の対策は選手自身が行う、つまりIOCは責任を負わないという条件を、個々の選手に同意させる条項が記されていた、というショッキングな内容でした。

こうした「誓約書」は、バンジージャンプやスカイダイビングなど、命の危険に直面する「危険なスポーツ」に参加する際に求められるものですが、IOCが東京五輪に参加する選手全員に、自分が死んだり後遺症が残るような事態になっても「IOCの責任は問いません」という誓約書を書かせていた事実は、コロナ禍で開催を強行された東京五輪というイベントの異常さを雄弁に物語っていると言えます。

IOCとは、オリンピックという興行（商業）色の強い国際スポーツ大会の開催権を独占する民間団体で、大会の開催が目的化した組織です。一方、日本政府と首相は、自国民の命と健康と暮らしを守ることに責任を負う公的な立場です。

感染症のリスクと大会の開催という問題を考える際、IOCは必然的に「何があっても開催を強行する」立場をとろうとしますが、開催国の政府とそのトップがそれと同じ考えであっていいわけがありません。

けれども、菅首相は、記者から何度質問されても、「日本国内での新型コロナの感染状況がこういう条件を超えれば東京五輪を中止する」という「開催と中止の基準」を示すことを拒絶し続けました。これは明らかに、「開催ありき」で問題を進めたIOCの姿勢に同調して、自国民の命と健康と暮らしを優先順位の第一位にしなかった、きわめて無責任な「人命軽視」の態度でした。

六月四日、自民党は東京五輪実施本部と内閣第一部会などの合同会議を、永田町の党本部で行いました。同日の時事通信の報道によれば、冨岡勉部会長は冒頭の挨拶で「五輪開催は日本の使命だ」と述べ、出席者の一人は「北京冬季五輪を来年に控える中、東京が開催できるところを見せなければならない」と発言しました。

彼らは、東京五輪が中止となったあと、翌年の北京冬季五輪が開催されれば、日本という国家の面子が丸つぶれになる、と考えていたのでした。

こうした「中国への対抗意識」も、自民党内部では「東京五輪の開催を中止してはならない理由」として重視され、菅首相の硬直した姿勢を後押ししていました。

◆四度目の緊急事態発出と感染爆発、それでも開催を強行した菅首相

東京五輪の開催強行に固執する中で、菅首相と組織委の関係者が繰り返し口にしたのが「安全・安心」という耳に心地よい言葉でした。

菅首相の「安全・安心」という言葉がニュースで大きく報じられるようになったのは、二〇二一年に入ってからですが、東京五輪組織委は、二〇二〇年三月に開催の一年延期が決まった

段階で、すでに「安心・安全」という言葉を用いていました。

例えば、二〇二〇年三月二十四日、組織委は安倍首相と森喜朗組織委会長（いずれも当時）、バッハIOC会長の電話会談についての声明を公式サイトで公開しましたが、その中に「アスリート及び観客の安心・安全を確保することが最も重要であり」という文言がありました。六日後の三月三十日には、バッハIOC会長と森組織委会長、小池百合子東京都知事、橋本聖子五輪相（後の組織委会長）の四者が、東京五輪の新たな日程で合意し、小池都知事はコメントで「アスリートや観客にとって安全で安心な大会」と述べました。

この二つの声明では、「安全・安心」の対象が「アスリートと観客」であり、それ以外の「一般国民」は対象に含まれていなかったことに注意してください。

そもそも、常にセットで語られた「安全・安心」という言葉ですが、この二つは性質の異なるもので、単純に結合して使われることに警戒しなくてはなりません。

前者の「安全」は、客観的な尺度がまず存在し、対象をそこに当てはめることで達成度が判定されるものですが、感染症が拡大している中で東京五輪を開催することが「安全」だと言うなら、具体的にどんな尺度、つまり判断基準に基づいてそう見なすのかを説明する必要があります。けれども、菅首相はただ漠然と「安全・安心」という言葉を繰り返しただけで、その判断基準を具体的に説明しませんでした。

また、後者の「安心」は、一人一人の人間の内面、つまり「心の中」に生まれるものであり、政府が国民に押し付けるものではありません。日本人の多くが心の中で「不安だ」と感じていたからこそ、世論調査で「今夏開催に反対が大多数」という結果が出ていました（後述）。そんな「不安」を直視せず、ただ漠然と「安全・安心」という言葉を繰り返すだけの菅首相の態度は、政府トップとしてきわめて無責任なものでした。

共同通信が二〇二一年六月二十日に公表した世論調査によれば、東京五輪が開催された場合に新型コロナウイルスの感染が再び拡大する不安を感じるかという問いに、「ある程度」を含め「不安を感じている」との回答が86・7％に上っていました。翌六月二十一日にテレビ朝日が公表した世論調査の結果でも、菅首相が繰り返す「安全・安心な大会」について、「実現すると思う」と答えた人は19％に留《とど》まり、「実現すると思わない」と答えた人が67％、つまり回答者の三分の二に上りました。

ちなみに、森組織委会長（当時）は、二〇二一年一月二十八日の記者会見で、大会開催の前提とされている「安全・安心」の基準を記者から問われて、こう答えました。

「そんな判断の基準があるかって言われたら、ないですよ」

図1　オリンピック・パラリンピック開催期間前後の東京の陽性者数・患者数の推移

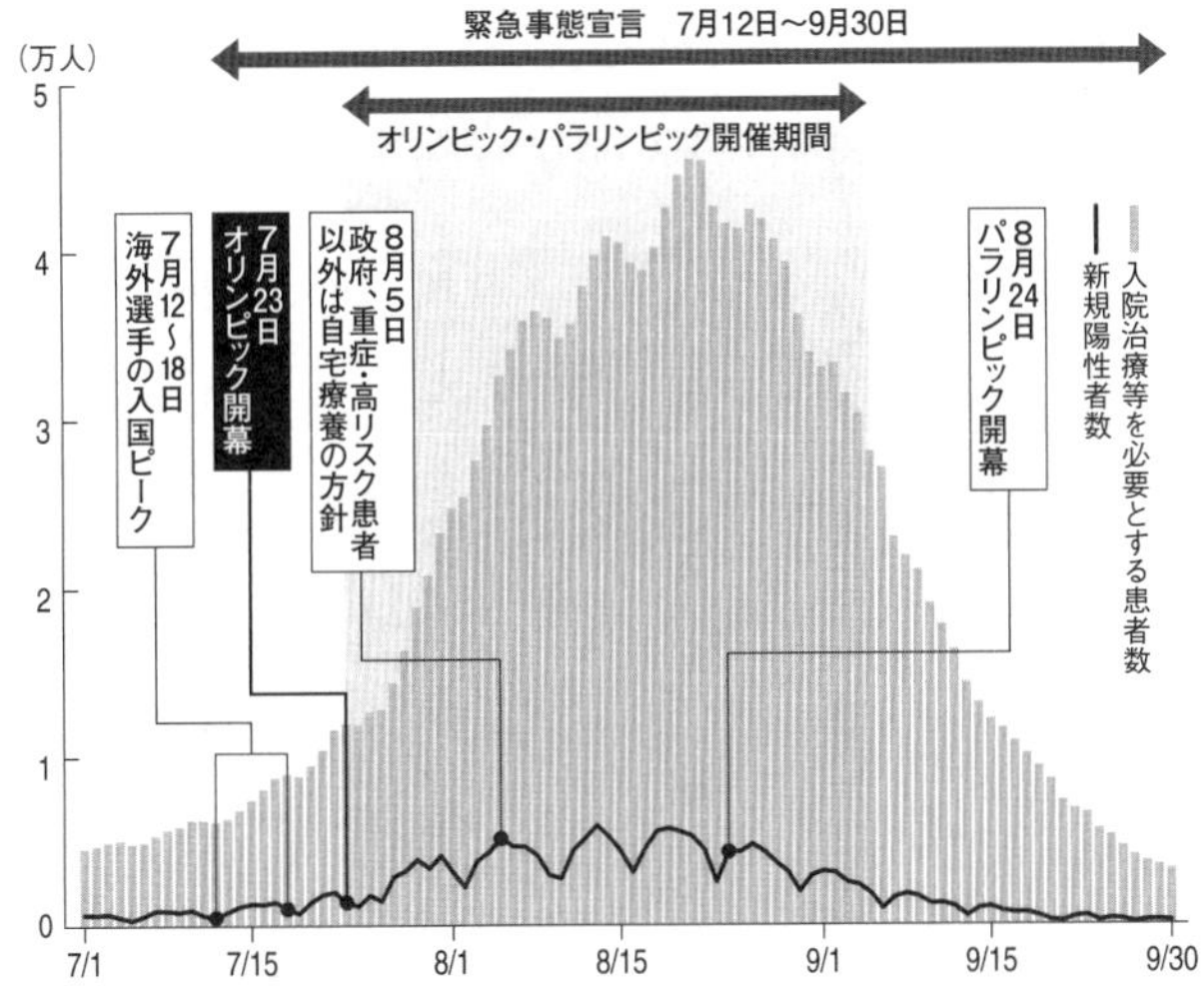

https://www.mhlw.go.jp/stf/covid-19/open-data.htmlを基に作成

そして、東京五輪の開幕を半月後に控えた七月八日、菅首相は東京都に対する四度目となる緊急事態宣言を、七月十二日から八月二十二日までの期間で発令すると発表しました。

しかし、緊急事態宣言発令後も東京の感染者は「感染爆発」のような勢いで増え続け、東京五輪開幕から四日後の七月二十七日には、東京の新規感染者数が二八四八人に達しました（図1）。

それでも菅首相は、七月二十七日の夕方に首相官邸で記者団から「感染者数が増え続けているが、東京五輪を中止する選択肢はないのか？」

と問われて「人流（繁華街などでの人の流れ）は減っている。そこ（中止）はありません」と答えました。

二日後の七月二十九日には、東京の新規感染者数が三八六五人に増加し、八月五日には五〇四二人に増えましたが、菅首相は八月六日午前の記者会見で「これまでのところ、五輪が感染拡大に繋がっているとの考え方はしていない」と答え、東京五輪の開催強行という自らの判断についての疑問や批判と向き合うことから逃げ続けました。

《厳しい現実と向き合うことから逃げ続けた日本政府》

◆人の命と健康より優先される金銭的・政治的利益

こうした菅首相の態度は、インパール作戦での牟田口司令官と重なるものがあり、本当ならこの一事だけで総理大臣の地位を失ってもおかしくありませんでした。

菅首相がなぜ、こんな態度をとったのかについては、東京五輪の開催を自らの政治的実績として歴史に名を残したいという政治的野心や、自民党の政権基盤を維持するために不可欠な電通（自民党の各種宣伝を受注する大手広告代理店で、東京五輪ではスポンサー企業とＩＯＣや組織委を繋ぐ役割も果たしていた）や財界などの「身内企業」への利益供与などが考えられます。けれども、これらはすべて、菅首相とその周辺の「私的利益」であって、国民全体の利益という意味での「公益」ではありません。

そして、海外メディアは東京五輪の隠された問題として、バッハというドイツ人が会長を務めるＩＯＣという組織の異常な「利益追求」に光を当てていました。

五月五日、アメリカの「ワシントン・ポスト」紙は、「日本政府は損切りし、ＩＯＣには『略奪するつもりならよそでやれ』と言うべきだ」と題した記事を掲載しました。筆者は、スポーツ・ジャーナリストのサリー・ジェンキンスで、スポーツ界に蔓延《まんえん》する商業主義の負の側面などを問題視する立場から、次のように指摘しました（日本語訳はネット雑誌「クーリエ・ジャポン」が二〇二一年五月七日に公開したもの）。

国際オリンピック委員会（ＩＯＣ）のフォン・ボッタクリ男爵と金ぴかイカサマ師たちの間では、いつの間にやら、日本を自分たちの足置き台として使おうということで決まっていたようだ。だが、日本は五輪開催に同意したとき、主権まで放棄したわけではない。

東京での夏季五輪開催が国益を脅かすのなら、日本の指導者たちはIOCに対し、略奪はよその公国へ行ってしてくれと言うべきである。

ここで指摘されている「IOCによる主権の侵害」は、決して大げさな表現ではなく、IOCの幹部は日本という国の主権を平然と侵害するような発言を繰り返しました。

「（新型コロナウイルスが）あろうがなかろうが、東京五輪は二〇二一年七月に開催される。再延期や中止はない」（コーツIOC調整委員長、二〇二〇年九月七日）

「たとえ東京で新型コロナウイルス対策の緊急事態宣言が発令されていても、七月二十三日に始まる予定の東京オリンピックは実施する」（コーツ、二〇二一年五月二十一日）

「東京五輪は、予見できないアルマゲドン（世界最終戦争）でもない限り実施できる」（パウンドIOC委員、二〇二一年五月二十六日付英「イブニング・スタンダード」紙）

「昨年三月、延期は一度と日本が述べたのだから、延期の選択肢はテーブル上に存在しない」

「仮に菅首相が『中止』を求めたとしても、それはあくまで個人的な意見に過ぎない。大会は開催される」（パウンド、二〇二一年五月二十三日、「週刊文春」のインタビュー《五月二十六日電子版配信》）

ちなみに、記事で使われた「フォン・ボッタクリ男爵（Baron Von Ripper-off）」という言葉は、日本のメディアでも広く紹介されましたが、フォンとはドイツの貴族が領地の名を自分の姓に含めた習俗の名残で、ドイツ人のバッハを貴族の男爵（バロン）になぞらえ、ぼったくり（リップ・オフ）と結びつけた呼称でした。

ジェンキンスは先の記事で、東京五輪開催強行の問題点を鋭く指摘しました。

世界的なパンデミックの最中に国際的メガイベントを開催するのは非合理的な決定なのである。損を取り戻そうとして損の上塗りをするのも同じくらい非合理的である。いまこの段階で夏季五輪の決行を考える人がいるとしたら、その主要な動機は「お金」である。

そして、ＩＯＣという独占的な主催組織が、オリンピックというスポーツイベントを通じて、不健全な財政的負担を開催国に押し付ける構造的な問題をこう説明しました。

ＩＯＣが過剰を奨励するのは意図的だ。凝りに凝った施設やイベントを義務づけるのは収入のためだ。その収入の多くがＩＯＣに入り、コストのほうは丸ごと開催国にダンピングされる。資金繰りも開催国がすべてを担う。ＩＯＣは大会のサイズとデザインの水準を設定し、開催国に、どんどん向こう見ずに大金を投じるように求める。その一方でライセンスの利益や放映権料はしっかり握って手放さない。東京五輪の当初予算は70億ドルだった。いま［同記事の執筆時］はその4倍だ。

六月二日、共同通信はアメリカのＡＰ通信が同日に公開した「イエス。五輪は反対とパンデミック（世界的大流行）にもかかわらず開催される」と題した検証記事の内容を紹介しました。ＡＰ通信はその中で、巨大利権が絡むＩＯＣ優位の契約や、開催を強行して政権維持に役立てたいと目論《もくろ》む日本政府の判断が背景にあり、それが「コロナ禍で逼迫する医療関係者からの批判をのみ込んでいる」と指摘しました。

また、もし東京五輪が中止になれば、ＩＯＣは放送権収入として見込んでいた約三八五〇億～四四〇〇億円を失う可能性があるという、米スミス大学のアンドルー・ジンバリスト教授の試算も紹介しました。

ちなみに、二〇二一年一月二十二日、時事通信はサンバで有名な南米ブラジルのリオデジャネイロで開かれる祭典「リオのカーニバル」が、今年は開催されない見通しとなったと報じました。

新型コロナの感染が収束せず、入念な準備を例年のように安全に行えないことが理由とされ、前年には約二一〇万人の観光客が訪れた「リオのカーニバル」は、商業的利益よりも人々の命と健康と暮らしを優先して、今回は開催しないとの判断が下されました。

これが健全な、そして責任ある立場の人間として当然の判断だと思います。

◆「情緒的な美辞麗句」の氾濫と「復興五輪」というまやかし

二〇二一年五月十四日、菅首相は首相官邸での記者会見で、記者から「東京五輪を開催するメリットとデメリットは何か？」と問われて「五輪は世界最大の平和の祭典であり、国民の皆さんに勇気と希望を与えるものだ」という「メリットだけ」を答え、「デメリット」には一切触れませんでした。

菅首相は、六月二日夜に首相官邸で応じた記者の「ぶら下がり」取材でも、記者からの「東京五輪を開催すべきだという理由をどのように考えるか？」との質問に対し、次のように答えました。

「まさに平和の祭典。一流のアスリートがこの東京に集まってですね、そしてスポーツの力で世界に発信をしていく。さらにさまざまな壁を乗り越える努力をしている。障害者も健常者も、これパラリンピックもやりますから。そういう中で、そうした努力というものをしっかりと世界に向けて発信をしていく。そのための安心安全の対策をしっかり講じた上で、そこはやっていきたい。こういう風に思います」

まるで、オリンピックという商品を売るセールスマンのような、東京五輪の「良い面」だけを強調する言葉ばかりで、日本の首相として日本国民の命と健康と暮らしを優先順位の第一位にするという責任感は微塵《みじん》も感じられません。

六月三日、東京の有明アリーナで、東京五輪の表彰式で使われる表彰台と楽曲、衣装、メダルを運ぶトレー（盆）などが公開されましたが、このイベントの冒頭で挨拶に立った橋本聖子東京五輪組織委会長は、開催の意義について、次のように語りました。

「世の中には、こんな時代になぜ五輪・パラリンピックを開催するのかという声もあります。しかし、このような困難な時代だからこそ、私たちは五輪・パラリンピックを開催し、コロナによって分断された世界で人々の繋がりや絆《きずな》の再生に貢献し、再び世界を一つにすることが、今の社会に必要な五輪・パラリンピックの価値であると確信しています」

翌六月四日には、菅首相が五月二十八日に行った記者会見で質問機会が与えられなかった報道機関による書面の質問への文書による回答を発表しましたが、東京五輪の開催目的についての質問には、次のように答えました。

「（オリンピックは）世界最大の平和の祭典であり、国際的な相互理解や友好関係を増進させるものだ。安全、安心な大会を実現することにより、希望と勇気を世界中にお届けできるものと考えている」

希望と勇気を与える。絆の再生。世界を一つに。平和の祭典。安全・安心——。

菅首相や組織委幹部が「東京五輪を開催すべき理由」として語る言葉は、いずれも具体性を欠いた情緒的な美辞麗句ばかりで、新型コロナという感染症の脅威と向き合うことから逃げる「現実逃避」とすら言えるものでした。

日本人は、こうした情緒的な美辞麗句に弱いので、メディアの報道を通じて美辞麗句を繰り返し見せられれば、最初は開催に反対した人でも次第に開催容認へと傾くのではないか。菅首相らは、国民の知性や思考力をそんな風に甘く見たのかもしれません。

ここで我々が思い出す必要があるのは、東京五輪の招致当初は、これらとは別の「大義名分」が盛んに語られていたという事実です。

その大義名分とは「復興五輪」という言葉でした。

菅首相は二〇二〇年十月二十三日、政府内に設置された東京五輪の競技大会推進本部の会合の席上、東京五輪を「東日本大震災の被災地が見事に復興を成し遂げた姿を世界に向けて発信する場にしたい」と宣言していました。しかし、二〇二一年三月十一日に催された「東日本大震災一〇周年追悼式」の式辞で、菅首相は前年の献花式で当時の安倍首相が口にした「復興五輪」という言葉にまったく触れませんでした。

その後も、菅首相は先に紹介した「平和の祭典」や「安全・安心」などの美辞麗句は頻繁に述べましたが、「復興五輪」という言葉は、まるで避けているかのように言及しない態度をとり続けました。こうした菅首相の姿勢もあり、「復興五輪」という言葉はメディアの東京五輪報道でも実質的に「忘れられた大義名分」となっていました。

二〇二一年一月二十五日に共同通信が公表した、岩手、宮城、福島三県の各一〇〇人を対象としたアンケートの結果によれば、東日本大震災や東京電力福島第一原発事故で被災した住民の64％が、東京五輪は「復興に役立たない」と考えていると回答しました。

そして、東京五輪閉幕後の九月八日にNHKが公表した、岩手、宮城、福島三県の計一〇〇〇人を対象としたアンケートの結果では、「東京五輪の開催で復興が後押しされたか」との問いに「そう思わない」との回答が63％で、「そう思う」と答えた11％の六倍近くに達していました。

◆ツイッターで「金メダルおめでとう投稿」を連発した菅首相

東京五輪開幕三日目の七月二十五日の午前十一時過ぎ、菅首相は東京五輪のマスコットキャラクターのぬいぐるみを脇に置いて自分が電話の受話器を持っている写真とともに、次のような内容をツイッターに投稿しました。

「日本人選手初の金メダルを獲得された髙藤直寿選手に、直接お祝いをお伝えしました。多くの子どもや若者が希望をもらったと思います。本当におめでとうございました」

政治家が持つツイッターの公式アカウントは、秘書や専属スタッフが運営・投稿している場合も多いですが、このツイートについては菅首相が電話をしている写真が添えられているので、本人が関知した上での投稿だと見て間違いないと思われます。

菅首相は同じ七月二十五日に、他の金メダリストにも同様のお祝いを投稿しました。

「堀米雄斗選手、初代金メダリスト、おめでとうございます！　見事な技の数々で世界を魅了してくれました」

「阿部詩選手、金メダルおめでとうございます！　日本女子柔道史上、52kg級で初めての金メダル、素晴らしい歴史を切り開いてくれました」

「阿部一二三選手、金メダルおめでとうございます。そして、史上初の兄妹同日金メダル！　互いに激励し合う姿に心を打たれました」

この日以降、菅首相は日本代表選手が金メダルを獲るたびに、公式ツイッターにお祝いの文面を投稿しました。けれども、彼が「おめでとうございます！」とお祝いの言葉をかけるのは、なぜか金メダルを獲った選手ばかりで、銀メダルや銅メダルを獲得した選手やメダルを獲れなかった選手に対しては、ツイッターでは触れませんでした。

菅首相には、東京五輪に出場した日本選手が金メダルを獲ったことを、自分の人気に繋げたいという思惑があったのかもしれません。先に述べた通り、日本では「日本人」がオリンピックやノーベル賞の金メダルを獲ることに高い関心が集まるからです。

菅政権の支持率は、二〇二一年に入ってずっと低迷を続けていました。一月のNHK世論調査では、「支持する」が40%、「支持しない」が41%で、二月には「支持する」が38%、「支持しない」が44%でした。三月と四月は「支持する」が「支持しない」を少し上回ったものの、五月には再び「支持する」が35%、「支持しない」が43%となり、六月は「支持する」が37%で「支持しない」が45%、七月は東京五輪開幕前の十二日の公表分で「支持する」が33%、

「支持しない」が46％でした。

そして、こうした支持率低迷は、菅首相の努力も空《むな》しく、東京五輪が開幕した後も変化せず、八月十日に公表されたＮＨＫ世論調査の数字では「支持する」が29％、「支持しない」が52％という、政権発足以来最低の数字が記録されました。

東京五輪の開催強行を、自分の政治的利益に繋げようという菅首相の目論見は、完全に外れてしまったのです。

その間、東京を含む日本国内では、新型コロナの新規感染者が増え続け、陽性と判定された人を医療機関に収容できないという、事実上の「医療崩壊」が起きていました。

八月二十日、厚生労働省は新型コロナ感染による全国の「自宅療養者」の数が、八月十八日午前〇時の時点で九万六七〇九人になったと発表しました。この「自宅療養者」という言葉は、入院できずに自宅で「療養」している人という意味ですが、実際には十分な医療のケアを受けられない人が多く、実質的には「自宅放置の感染者」でした。

《今回も国策に追従し続けた日本の大手メディア》

◆NHKと在京テレビ各局が行った東京五輪「扇動」放送

東京五輪についてはもう一つ、注目すべき問題点が存在しました。

公共放送のNHKと在京テレビ各局の、東京五輪に関する批判的視点をほとんど放棄したような、礼賛と宣伝の報道キャンペーンです。

NHKは公式サイトで、放送法第四条に基づく「不偏不党」や「政治的中立」を貫くことを謳《うた》っています。「よくある質問集」の「『公平・公正』、『不偏不党』とは具体的にどういうことか」というページでは、NHKの基本姿勢をこう説明しています。

政治上の諸問題は公正に取り扱うこと、また、意見が対立している公共の問題については、できるだけ多くの角度から論点を明らかにし、公平に取り扱うといったことです。NHKは、意見が対立する問題を取り扱う場合には、原則として個々のニュースや番組の中で双方の意見を伝え、仮に双方の意見を紹介できないときでも、異なる意見があることを伝え、同一のシリーズ内で紹介するなど、放送全体で公平性を確保するよう努めています。

東京五輪については、二〇一三年九月の招致成功から二〇二一年七月の開幕まで、日本国内で「開催賛成」と「開催反対」に世論が二分していました。したがって、本来ならNHKは、その双方の主張を均等に番組で取り上げないとおかしいはずです。

けれども実際は、開幕前も開幕後も、NHKは朝から晩までずっと、東京五輪の開催強行という政府のスタンスに同調する内容ばかりを放送し続け、反対する国民の意見を独立した形できちんと紹介する番組は、事実上皆無でした。

二〇二一年三月に福島で「聖火リレー」がスタートした後、NHKは毎晩、その日のリレーについて紹介する短い番組を放送しましたが、その後に「私たちは、超えられる。NHK 2020→2021」という文字が入った数秒の動画を、民放テレビ局のCMのような形で挿入していました。

その動画は、明らかにアスリート（スポーツ選手）と思われる数人を含めた三〇人以上の人々が、左から右へ、暗い場所から光の射《さ》し込む方向へと、歩いたり走ったりして進んでいく光景を描いていました。逆方向（左）へと歩く人は、一人も見当たりません。

ＮＨＫの公式サイトに、この動画についての説明がありましたが、そこには次のような言葉が記されていました。


大きな困難が私たちに突きつけるのは、人間の弱さではない。

苦しいときこそ人間の強さを知ることができる。

それぞれの場所で、ただひたむきにやるべきことを積み重ねていく。そんな人々の姿こそ、いま信じるべき強さだ。

たとえ小さくとも。この一歩が、きっと私たちをめざす場所へと連れていく。

私たちは、超えられる。

ＮＨＫ　２０２０→２０２１

ここに記された文言と動画の内容を合わせて見れば、これは明らかに、当時の日本で根強かった「東京五輪の開催中止または延期」という世論を打ち消し、開催強行を支持する立場で受け手の心理を「東京五輪の開催賛同」へと導こうとするメッセージでした。

したがって、この動画は前記した「不偏不党」や「政治的中立」の原則から完全に逸脱しているると言えます。国民から強制的に受信料を徴収する特権を法的に付与されているＮＨＫが、このような「特定の立場に偏った内容の放送」をするのは大きな問題です。

また、ＮＨＫは二〇二一年四月一日に長野で行われた「聖火リレー」を生配信する特設サイト「聖火リレーライブストリーミング」において、沿道から「オリンピックに反対」などの声が上がった直後から約三十秒間にわたり、音声を消すという行動もとっていました。四月十二日付の「朝日新聞」のネット版記事によれば、ＮＨＫは同紙の取材に「走っている聖火ランナーの方々への配慮も含め、ＮＨＫとしてさまざまな状況に応じて判断している」と答えました。

そしてＮＨＫは、四月二十三日には次のような内容を「ニュース」として報じました。

「東京オリンピックの開幕まで、23日であと3か月です。開催都市の東京都は、大会を盛り上げるため、街なかの装飾などを進めていますが、感染の拡大が続き緊急事態宣言が出される見通しの中、機運の醸成をどう進めるのかが課題となっています。（略）

開幕まで、あと3か月となった東京オリンピック。感染の急拡大が懸念される中、大会に向けた機運醸成の取り組みをどのように進めていくかが課題となっています」

この文を見ればすぐ気づくように、ＮＨＫは「開催に反対する意見」が日本国内に存在する事実を完全に無視して、あたかも組織委の広報機関のような視点で「開催機運をどのように醸成するかが課題です」と、東京五輪の開催を人々が受け入れることが当然であるかのような「機運」を「醸成」する役割を果たしていました。

ＮＨＫほど極端ではありませんが、在京テレビ各局の東京五輪に関する報道や特別番組も、ほぼすべてが「開催を肯定するスタンス」であり、開催反対の意見は無視されるか、小さく扱われるかのどちらかでした。

東京五輪開幕四日目の二〇二一年七月二十六日付の「しんぶん赤旗」は、ＮＨＫと民放テレビ五系列が連日、朝から晩まで東京五輪の番組で埋め尽くされている事実を指摘した後、その背景として「ジャパン・コンソーシアム（ＪＣ）」という組織の存在を挙げていました。ＪＣとは、ＮＨＫと在京民放キー局（テレビ朝日、ＴＢＳ、日本テレビ、フジテレビ、テレビ東京）が共同で設立した、世界的なスポーツイベントの放映を共同で行う機構のことで、五輪に際しては巨額の放送権料をＩＯＣに支払う主体となっています。

二〇一四年六月十九日に日本民間放送連盟が発表した内容によれば、二〇一八年の平昌《ピョンチャン》冬季五輪と、二〇二〇年（二〇二一年）の東京五輪、二〇二二年の冬季五輪、二〇二四年の夏季五輪の四大会についての日本国内での放送権料として、ＪＣがＩＯＣに支払った総額は、一一〇

○億円でした。

このような形で「巨額の放送権料」を先に支払ったことで、NHKと民放キー局は、オリンピックに反対する意見を放送で取り上げたり、東京五輪の開催中止も選択肢の一つと見なすような中立の報道をする道を、事実上断たれていたと言えます。

◆NHKが手を染めた「設問で開催賛同に誘導する」世論調査のトリック

東京五輪の「開催か中止か」という問題で、中立的な立場を捨てた日本の大手メディア各社は、東京五輪に関する世論調査でも、誘導のトリックを使いました。

特にその誘導が顕著だったのは、公共放送として他の民放各局や新聞各紙よりも高い中立性が求められるはずの、NHKでした。

実際の開催から一年前の二〇二〇年七月二十二日、NHKは朝のニュースで「五輪・パラ『さらに延期』『中止』が66%　NHK世論調査」「来年7月からの開催について『さらに延期すべき』と『中止すべき』と答えた人があわせて66%に上り、予定通り『開催すべき』と答えた人を大きく上回りました」と報じました。

同年十二月十五日のニュースでも、NHKは「東京五輪・パラ『中止すべき』が『開催すべ

図2　NHK世論調査結果

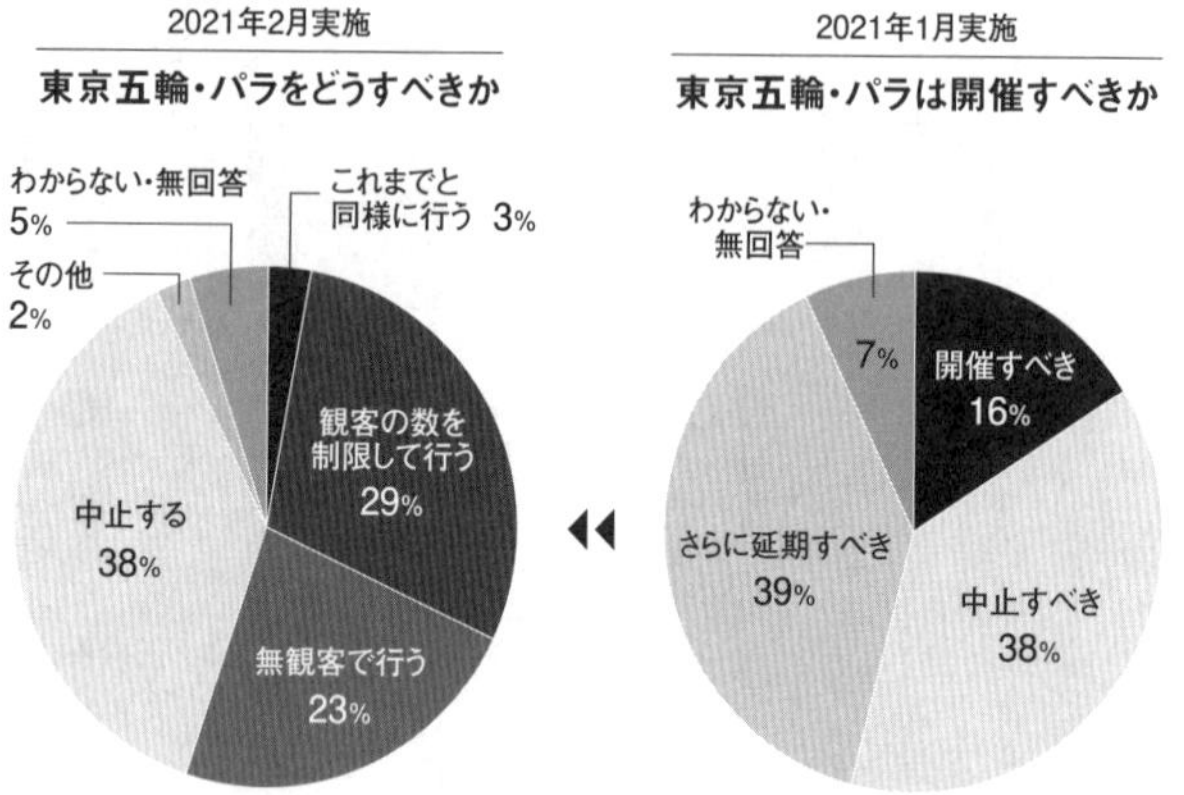

https://www.nhk.or.jp/senkyo/shijiritsu/archive/2021_01.html（2021年1月）、https://www.nhk.or.jp/senkyo/shijiritsu/archive/2021_02.html（同年2月）を基に作成

き』を上回る」「来年に延期された東京オリンピック・パラリンピックの開催についてNHKの世論調査でおよそ30%が『中止すべき』と答え、『開催すべき』と答えた人を上回りました」と伝えました。実際には、「中止すべき」が32%、「さらに延期すべき」が31%で、予定通り開催すべきでないという回答が63%に達し、「(予定通り)開催すべき」の27%を大きく上回っていました。

二〇二一年一月十三日のNHKニュースも、東京五輪を「開催すべき」が16%、「中止すべき」が38%、「さらに延期すべき」が39%という世論調査の結果を報じましたが、予定通り開催すべきでないという回答の合計は77％で、前年十二月の数字を上回っていました。一月七日に共同通信が報じた世論調査の結果も、東京五輪を「開催すべき」が14・5％、「中止すべき」が35・2％、「さらに延期すべき」が47・1％という数字で、NHKの世論調査だけが偏った結果を出したわけではないようです。

ところが、翌二月八日公表のNHK世論調査の結果を見ると、それまでとは「問い方」が根本的に変えられていることに気づきます。

一月のNHK世論調査では「東京五輪・パラは開催すべきか」という問いでしたが、二月の世論調査では「東京五輪・パラをどうすべきか」との問いに変わっています（図2）。

そして、回答の選択肢も、一月の調査では「開催すべき」「中止すべき」「さらに延期すべき」「わからない・無回答」の四択だったものが、二月の調査では「これまでと同様に行う」「観客の数を制限して行う」「無観客で行う」「中止する」「その他」「わからない・無回答」の六択になり、「これまでと同様に行う」が3％、「観客の数を制限して行う」が29％、「無観客で行う」が23％、「中止する」が38％となっていました。

一月の時点では「開催する」が16％しかなかったものが、問い方を変えて「条件づけの開催」で複数の選択肢を入れた結果、「開催する」の合計は一挙に過半数の55％にまで増えた一方、「再延期」の選択肢はなぜか排除され、一月には「中止と再延期」の合計が77％あったものが、問い方の変更で38％に半減してしまいました。

NHKはこの後も、二月と同じ形式での世論調査を継続し、三月九日公表分では「開催する」の合計が58％に対し「中止」が33％、四月十二日公表分では「開催する」の合計が61％に対し「中止」が32％と、差がより広がりました。五月十日公表分では「開催する」の合計が44％に対し「中止」が49％と逆転したものの、六月十四日公表分では「開催する」の合計が64％に対し「中止」が31％と、再び「開催する」の合計が上回る結果となりました。

また、世論調査の結果についての説明文も、一月分では「ことしに延期され夏の開幕に向け準備が進められている東京オリンピック・パラリンピックについて聞いたところ」になっていたのが、二月には「東京オリンピック・パラリンピックの開幕まで半年を切りました。IOC＝国際オリンピック委員会などは、開催を前提に準備を進めています。どのような形で開催すべきだと思うか聞いたところ」となり、五月分では「東京オリンピック・パラリンピックの観客の数について、IOC＝国際オリンピック委員会などは来月判断することになりました。どのような形で開催すべきと思うか聞いたところ」となっていました。

明らかに、開催の是非を中立的に問うのではなく「開催ありき」のスタンスで、「どのような形で開催するのがよいと思うか」を問う、誘導的な問いになっています。

このような「回答者を特定の方向に誘導するような世論調査」を、NHKという公共放送が行うことは、果たして許されるでしょうか?

ちなみに、開幕から九日前の二〇二一年七月十四日の共同通信による配信記事は、国際的な大手調査会社イプソスが二八か国で行った世論調査の結果を伝えましたが、東京五輪の「開催に反対」は、全体で57%、日本国内の回答に限れば78%でした。「開催に賛成」は、全体で43%、日本国内では22%でした。

また、二〇二一年七月十九日の「朝日新聞」は、前日と前々日に同社が行った電話世論調査の結果として、東京五輪の「開催に反対」は55%、「開催に賛成」が33%で、菅首相が繰り返す「安全、安心の大会」には「できない」が68%という結果を報じました。

◆「大本営発表をそのまま広報宣伝」した時代への逆戻り

菅首相は、国内のコロナ感染予防にまったく成功しておらず、近い将来にそれができる見込みも事実上ないにもかかわらず、二〇二〇年十月二十六日の臨時国会での所信表明演説で、「人類がウイルスに打ち勝った証として、東京オリンピック・パラリンピック競技大会を開催する決意です」と明言しました。

二〇二一年一月十八日に召集された第二〇四通常国会の施政方針演説では、菅首相は「夏の東京オリンピック・パラリンピックは、人類が新型コロナウイルスに打ち勝った証として、また、東日本大震災からの復興を世界に発信する機会としたい」と述べました。

四月二十日の衆院本会議でも、菅首相は「人類が新型コロナウイルスに打ち勝った証として実現する決意に何ら変わりはない」と答弁しました。

その六日後の四月二十六日、立憲民主党の岡本充功《みつのり》議員は「『人類が新型コロナウイルスに打ち勝つ』とはどんな状況を指すのか。また現在も『人類が新型コロナウイルスに打ち勝った証』としてオリンピックを開く予定でいるのか」という質問主意書を、衆議院に提出しました。

これに対し、菅首相は五月十一日、次のような答弁書を示しました。

「お尋ねに関しては、令和三年三月十六日の参議院内閣委員会において、丸川国務大臣が『コロナの感染状況に関しては、まず感染拡大の防止に全力で取り組んでいくということを旨としておりまして、新型コロナウイルスの克服に全力を尽くし、安全、安心な大会を実現する、まさに人類がウイルスに打ちかったあかしとして東京大会を開催できるよう、内外の感染状況等を注視しながら、引き続き、ＩＯＣ、東京都、組織委員会等と緊密に連携をして準備を進めてまいります。』と述べているところであり、現在もこの答弁において示された政府の見解に変更はない」

よく読まないとうっかりだまされそうになりますが、この答弁はほとんど「何も説明していないに等しい」論理的に空疎なものです。丸川大臣が語ったのは「人類がウイルスに打ち勝ったあかしとして東京大会を開催できるよう、全力を尽くす」という程度の、単なる「心構え」でしかなく、具体的な「打ち勝つ条件」には何も触れていません。

実際には新型コロナに「打ち勝って」おらず、近い将来に「打ち勝てる見込み」もないのに、政府トップが「人類がコロナに打ち勝った証としての東京五輪」という現実から乖離《かいり》した言葉を発し、メディアがそれを無批判に拡散する状況は、きわめて危険です。なぜなら、先の戦争中における大日本帝国の国家指導部とメディアの図式が、それと瓜二《うりふた》つだったからです。

戦況がすでに大日本帝国の劣勢に大きく傾き、日本軍が米英連合軍の攻勢を跳ね返して逆転勝利を収められる可能性は小さくなっていた一九四四年十二月八日、大日本帝国政府の情報局が編集し印刷局が発行した官報「週報」は、自軍が劣勢でもはや勝ち目がないという「厳しい現実」を直視せず、次のような「威勢のいい言葉」を掲載しました。

大東亜の安定確保とその建設とは、我々に与えられた確乎《かっこ》不動の目標である。戦局困難なりとも大東亜の建設はどしどしと推進せしめねばならぬ。否、戦局困難なるが故に一層これに力を入れねばならぬのである。（巻頭言）

戦況いかに変転し、戦勢いかに移るとも、我に神武必勝の確信と努力あれば、断じて征戦目的完遂の光栄ある日は疑いもなく近づき来るのである。（略）一億の臣が各々の持場、職場において、それぞれ明朗敢闘、尽忠の誠をつくしたならば「神武必勝」最後の勝利は断じて我にありと確信して疑う余地はないのである。（大本営陸軍報道部）

どうでしょう？　この戦争末期の大日本帝国政府や軍の言葉と、東京五輪に関連する菅首相の言葉は、そっくりだと思いませんか？

戦争中、日本の大手新聞三紙（朝日、毎日、読売）とＮＨＫラジオは、大本営すなわち政府と軍部の戦争指導部による発表の内容を無批判に社会へと伝達し、国民が「敗戦」を受け入れる心境にならないようにする心理的な誘導に加担しました。

新型コロナ感染症が国内で大流行している最中でも、感染予防よりオリンピックの開催が大事であるかのような、戦争中の戦意高揚スローガンを彷彿《ほうふつ》とさせる薄気味の悪い政治的アピールの言葉が、日本の総理大臣の口から繰り返し語られ、NHKと大手新聞各紙、民放テレビ各局が、それらの言葉をほとんど無批判に報じて、政府広報のような役割を果たす図式は、戦争中の図式と瓜二つだったと言えます。

本章で具体的な事例と共に紹介した、新型コロナ感染症流行下でも東京五輪の開催に固執し続けた菅首相と日本政府の姿勢に見られるのは、厳しい現状と「こうあって欲しいという願望」を混同する思考形態の危うさです。

客観的事実としての「厳しい現状」を、主観的な概念操作でいくらでも膨らませることのできる「願望」で上塗りし、その願望を現実であるかのように錯覚する——。

そんな思考の歪みは、先の戦争末期には数々の「常軌を逸した戦法」を生み出しましたが、飛行機や潜水艇に乗り込んだ兵士に敵艦へと体当たりさせる「特攻」を繰り返せば戦争に勝てるという、現実から乖離した「願望」も、その典型的な事例でした。

次章では、この「特攻」という異様な人命軽視の戦法と、それが戦後の今もなお一部で美化礼賛され続ける理由について、さまざまな角度から読み解きます。

第二章　「特攻」を全否定できない日本人の情緒的思考

《自己犠牲の手本として美化礼賛された楠木正成《くすのきまさしげ》》

◆『防衛白書』二〇二一年版の表紙と楠木正成の像

この章では、日本の防衛省が二〇二一年七月に刊行した『令和3年版　日本の防衛』という書物から話を始めます。

いわゆる『防衛白書』です。

一九七〇年に最初の版が世に出された『防衛白書』は、防衛省の防衛政策と自衛隊の活動内容について、多くの国民に伝えることを目的として出版される政府刊行物ですが、この最新版が出た時、ＳＮＳでは表紙の絵柄が話題になりました。

過去の防衛白書は、自衛隊の陸海空三分野の兵器や、日本周辺の地図などを表紙にあしらってきましたが、令和三年版では勇壮な騎馬武者の墨絵が描かれていたからです。

同書の冒頭に、表紙絵の簡単な解説が記されていました。作画を担当したのは、西元祐貴という墨絵アーティストで、防衛省は表紙のデザインについて「躍動的かつ重厚感ある騎馬武者により防衛省・自衛隊の『力強さ』、わが国の『強固な防衛意思』を表現しています」と説明していました。

また、防衛省・自衛隊の公式ツイッター・アカウントは、二〇二一年七月十四日の投稿で、令和三年版『防衛白書』について「今年の表紙は、防衛白書らしい『威厳』と若年層を含め幅広い年齢層の方に手に取っていただくための『スタイリッシュさ』の追求、そして国外にも発信できる『日本らしさ』を表現するため、日本を代表する墨絵アーティストの西元祐貴氏に描いていただきました」と、絵柄のコンセプトを説明しました。

この表紙が公開された時、ネット上ではおおむね二種類の反応が見られました。

一つは「かっこいい」と絵柄を褒める意見。

もう一つは「これって、楠木正成の像では?」という指摘でした。

墨で描かれた武将は、左前足を前方に突き出して疾駆する馬に騎乗し、横方向に伸びた右手

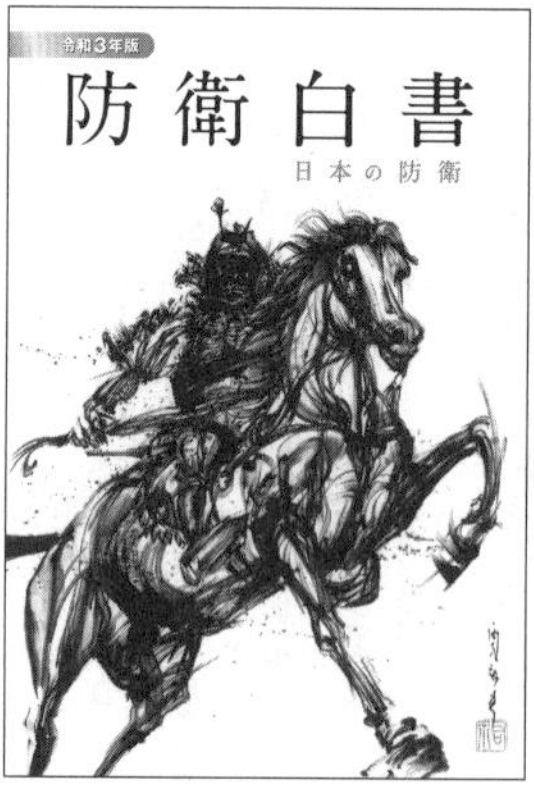

図3　『防衛白書』表紙（左）と皇居外苑の楠木正成像（右）

は、何か綱のようなものを摑《つか》んでいます。この武将と馬の全体的なポーズが、東京の皇居外苑にある、馬に乗る楠木正成の銅像と瓜二つでは、と指摘されたのです。

楠木正成の銅像は、日本各地に存在しますが、その中でも特に有名なのが、皇居外苑で高さ四mの台座の上に置かれ、像本体も四mの高さを持つ「楠公《なんこう》像」です（楠公とは楠木正成のこと）。銅像の重量は六・七トンあり、一九〇〇年（明治三三年）にこの場所で竣工《しゅんこう》しました（像本体の完成は一八九六年）。

この像を建てたのは、明治政府ではなく、当時の有力財閥の一つだった住友家でした。像の武者から見て右斜め前方の下方向から見上げた構図は、令和三年版『防衛白書』に描かれた騎馬武者と、ほぼぴったり重なります（図3）。馬の左前脚の上げ方や曲がり方も、武者の右手が摑んでいる手綱も、馬の胸から頭までの線が手綱に引かれて後ろに反り気味な構図も、まるで銅像の写真をトレースして墨絵を描いたかのように似ています。

後述するように、細部では「変えてあるところ」もありますが、全体としては、墨絵がこの銅像をモチーフにしたとしか思えないほど、多くの共通点を含んでいます。

通常、『防衛白書』のような政府刊行物の表紙デザインでは、用いられる写真や絵柄の出来不出来だけでなく、それが何をモチーフ、つまり題材としたものかも厳しくチェックされます。政府刊行物は、公共の目的のために出版されるものなので、特定の個人や団体に宣伝的効果をもたらしたり、特定の政治思想の宣伝に寄与するような図案を、表紙に使うことは本来ありません。そんなことをすれば、政府の中立性が損なわれるからです。

それゆえ、人物をモチーフにする場合でも、近代日本の政治家などを別にすれば、誰なのか特定できないように、特徴をぼかした形にされるのが普通です。

しかし、令和三年版『防衛白書』に描かれた騎馬武者は、モチーフが楠木正成の銅像であることは明白であるにもかかわらず、前脚を上げている馬の姿勢を違う形にしたり、武将の腕を別の角度に変えるなど、それとわからないようにする工夫がほとんど見られません。違うのは兜《かぶと》の形と馬の左後脚くらいで、それ以外のパーツは、ほぼ完全に一致します。

それゆえ、皇居外苑にある楠木正成の銅像を知っている人なら誰でも、この表紙の絵柄を見て「あっ、楠木正成だ」と気づくことができます。

◆楠木正成とは何をした人物だったのか

楠木正成は、十四世紀前半（鎌倉時代末期）に活躍した武将で、後醍醐《ごだいご》天皇の忠臣（忠義な臣下）として知られています。

明治期に楠木正成の銅像が皇居外苑に設置されたのも、この「天皇に対する忠義」が当時の大日本帝国で高く評価されていたからでした。

楠木正成が生きた時期の日本は、「南北朝」という言葉が示すように、鎌倉幕府が倒れた後、朝廷（武家と公家、天皇が事実上一体となった権力機構）が、京都を本拠とする「北朝」と、のちに奈良の吉野に拠点を置く「南朝」に分裂しつつありました。楠木正成が仕えたのは、彼の死後に「南朝」を開く後醍醐天皇でした。明治期に天皇の系譜が整理確認された際に、後醍醐天皇の「南朝」が当時の正当な皇統と見なされ、「北朝」の天皇六人のうちの五人は、歴代天皇の系譜では「第何代」と数えられない形とされました。

ただし、現在の日本国で象徴となっている天皇は、家系としては、一三九二年に南北朝が統一された後に続いた「北朝」の子孫です。

楠木正成は、名の知れた武家の出ではなく、生誕地についても現大阪府南東部の河内《かわち》や現静岡県中部の駿河《するが》など、いくつかの説があり、誕生年も含めて、いまだ事実が定まっていません。

神戸の湊川《みなとがわ》神社は、楠木正成を祀《まつ》る神社として有名ですが、この神社の公式サイトに「楠木正成公のご生涯」という説明があります。それによると、彼は一二九四年に河内で生まれ、一三三一年に後醍醐天皇から召し出されて、以後生涯をかけて後醍醐天皇に忠義を尽くす働きをしました。とりわけ、千早《ちはや》城での楠木正成の奮戦は、各地の武士を鎌倉幕府の打倒へと走らせる効果をもたらしたとされています。

しかし、楠木正成と共に後醍醐天皇の側で戦った、足利尊氏《あしかがたかうじ》という武将が「自分が将軍となって再び武家の政権を復活させようと、叛旗《はんき》を翻した」（湊川神社の説明）ことにより、後醍醐天皇は足利軍の討伐を命じ、楠木正成もそこに加わりました。

一三三六年七月四日（建武三年五月二十五日）、総大将の新田義貞に従う楠木正成の軍勢は、湊川で足利尊氏と直義《ただよし》の兄弟に率いられた大軍を迎え撃とうとしましたが、陸と海の両面からの攻撃を受けた楠木軍は敗北します。もはや勝機はないと悟った楠木正成は、弟である正季《まさすえ》と向き合い、「七回生まれ変わっても賊（天皇の敵）を滅ぼす」（七生滅賊）という誓いを交わしながら、刺し違えて（互いに刀で刺し合って）自害しました。

後醍醐天皇は、その後も生き延びて、不利な条件で足利尊氏と和睦したのち、京都を脱出して吉野に逃れます。彼はそこで、一三三七年に「南朝」（吉野朝廷）を開き、一三九二年に王朝の統一がなされるまで、朝廷の並立は続きました。

このような楠木正成の働きは、一三七〇年代に成立したとされる古典文学『太平記』や、江戸時代の兵学書で称賛され、楠木正成は知・勇・仁を兼ね備えた「軍事的天才」であったという評価が形成されました。

そして明治期の大日本帝国は、天皇を国家の頂点に置く体制を国民に受け入れさせる意図もあり、天皇に忠義を尽くして命を捧《ささ》げた楠木正成を「忠臣」として讃《たた》え、七生滅賊は「七生報国」と言い換えられ、学校教育でも「日本人のあるべき姿」と教えられました。

◆楠木正成は自衛隊と防衛省の「理想像」なのか？

もし防衛省が、令和三年版『防衛白書』に描かれた騎馬武者は「楠木正成がモチーフです」と正直に説明していたなら、どうなっていたでしょうか？

おそらく、次のような疑問が国民から呈されたことでしょう。

いくら日本史上に燦然《さんぜん》と輝く、知・勇・仁を兼ね備えた「軍事的天才」であったとしても、天皇という「主君」に命を捧げ、主君を守れないとわかると己の名誉を守るために自ら命を絶った封建時代の武将である楠木正成を『防衛白書』の表紙にあしらうという行為は、現代の防衛省や自衛隊の「シンボル」として彼がふさわしいと、防衛省が理解しているという風にも解釈できる。だが、楠木正成は、果たして現代の、つまり日本国憲法下の防衛省職員や自衛隊員が、思考や行動の「シンボル」とすべき存在なのか?

現代の日本国、つまり民主主義の国で、防衛省や自衛隊が国民から負託されたその実力を以《もっ》て「守る」べき対象とは、楠木正成にとっての天皇のような「主君」なのか、それとも楠木正成の時代には武将が守る対象とは見なしていなかった「市民（領民）」なのか?

民主主義国の軍隊は、まず市民の命と暮らしを守る存在であり、主君＝政治的支配者を守る存在ではないはずだが、日本国の自衛隊はどうなのか?

民間信仰の対象として、人々が湊川神社に祀られる楠木正成を敬うのは自由だが、国の公的機関が「天皇に忠義を尽くして命を捧げた忠臣」としての楠木正成を、あるべき姿や見習うべき手本のように取り扱うのは、民主主義の理念に反するのではないか?

こうした疑問を打ち消すためか、元陸上自衛官（イラク派遣自衛隊の初代指揮官）で防衛大臣政務官、自民党国防部会長の経験もある自民党参議院議員の佐藤正久は、二〇二一年七月十八日に、先に紹介した防衛省・自衛隊の七月十四日のツイートを引用する形で、次のような内容をツイッターに投稿しました。

「騎馬武者の兜に注目、特定の大名や騎馬武者との誤解や指摘を避けるべく、実在していない独創的な兜になっている。斬新で、強さもあり、良いと思います」

防衛関連の道を長く歩いてきた「プロ」である佐藤正久は、この墨絵を一目見て、絵柄が皇居外苑の楠木正成像と瓜二つであることに気づいたはずです。

けれども、彼は楠木正成像との類似点に一切触れず、逆に「特定の大名や騎馬武者」と類似しているとの「誤解や指摘を避けるべく」、兜のデザインは実在しないものに変えられたと、まるで内情を知っているような口振りで書いています。

どうにも不可解な態度です。まるで、わかる人にはわかるように楠木正成像を『防衛白書』の表紙にあしらいつつ、類似点を指摘されると「兜の形が違うから楠木正成像ではありません」という逃げ道を用意しているかのようです。そうでなければ、わざわざ「特定の大名や騎馬武者との誤解や指摘を避けるべく」と書く理由がありません。

また、『防衛白書』の表紙に騎馬武者の墨絵があしらわれた件は、二〇二一年七月十三日に

「朝日新聞」と「毎日新聞」のネット版で取り上げられました。「朝日新聞」の記事は、「刀を振りかざしていると専守防衛に反する」との防衛省側の意向により、武者は刀ではなく手綱を握り締めている姿にされたとの防衛省関係者の談話を引用していますが、腕と手綱の位置関係が、皇居外苑の楠木正成像とぴったり一致する事実には触れていません。

では、もし仮に防衛省が、わかる人にはわかるように一部（兜と馬の左後脚）のみ修正して、楠木正成像を『防衛白書』の表紙にあしらったとしたら、何か問題はあるのでしょうか？

法律上の問題は特にありません。しかし、防衛省や自衛隊という組織の精神文化が、大日本帝国時代と同様に、楠木正成を自分たちの「理想像」と捉えているなら、そこにはきわめて重大な問題が生じます。

天皇に忠義を尽くし、天皇のために働き、最後は天皇のために自らの命を捧げた楠木正成は、昭和の大日本帝国が行った戦争において、自己犠牲の鑑《かがみ》として理想化され、あの非人道的な戦法――「特攻」を正当化する役割をも果たしていたからです。

一見すると勇壮ですが、結果的には天皇を守ることに失敗して死んだ楠木正成を『防衛白書』という組織の重要な刊行物の表紙に選んだ現在の防衛省や自衛隊は、再び「特攻」を称賛する日本軍の精神文化に回帰しつつあるのでしょうか？

《鹿児島の特攻関連博物館に共通する「情緒的」なトーン》

◆現代の我々は「特攻死」した若者とどう向き合うべきなのか

太平洋戦争末期の一九四五年四月六日、日本海軍は陸軍航空部隊と共に「菊水作戦」という軍事作戦を開始しました。

その内容は、四月一日に沖縄への上陸を開始したアメリカ軍とそれを支援するイギリス軍の艦船に対する、大規模で組織的な特攻、つまり航空機による体当たり攻撃でした。

作戦名に付けられた「菊水」とは、楠木正成が後醍醐天皇から授かった家紋のことでした。後醍醐天皇は最初、天皇家の家紋である菊の紋と同じものを、楠木正成に下賜しようとしましたが、楠木正成は「身に余る」としてそのまま用いることを避け、下半分を川の水の流れとした「菊水紋」を自らの家紋としました。

つまり、太平洋戦争における最大の特攻作戦において、楠木正成の家紋が、そのシンボルとして使われたのでした。この事実は、特攻という人命を軽視する異様な戦法と、楠木正成を美

写真1　知覧特攻平和会館（右）と万世特攻平和祈念館（左）

化礼賛する価値観が、共通する精神文化に属することを示しています。

この菊水作戦において、日本軍は海軍と陸軍を合わせて一八二七機という厖大《ぼうだい》な飛行機に特攻を実行させ、この作戦だけで三〇六七人が命を落としました。

これらの特攻機の出撃基地として、重要な役割を果たしたのが、鹿児島県の鹿屋《かのや》航空基地と知覧航空基地、万世《ばんせい》飛行場などでした。現在、特攻隊員を偲《しの》んで知覧には特攻平和会館、万世には特攻平和祈念館（写真1）があり、海上自衛隊の鹿屋航空基地内にある鹿屋航空基地史料館（写真2）でも、特攻作戦と特攻隊に関する展示物が公開されています。

二〇一九年十月、私は鹿児島へ旅行し、これらの特攻隊に関する展示を見学しました。それぞれの展示室には、出撃して還《かえ》らぬ人となった若いパイロットの遺影と、遺書や遺品などが並び、端から端まで目にする作業は、精神的にとてもつらいものでした。

写真2　鹿屋航空基地史料館（右）と小塚公園慰霊塔（左）

鹿屋や知覧ほど有名ではない万世の平和祈念館では、やがて二階の展示室に私一人しかいない状況となり、私はたくさんの遺影に囲まれた状態で休憩用のソファに座り、現代を生きる自分が「特攻死」した若者とどう向き合うべきなのかを考えました。

まず疑問に思ったのは、日本軍の若い軍人たちが特攻で命を落とした行為を「戦死」と呼ぶべきなのか、ということでした。

広義の「戦死」とは、戦って死ぬという意味なので、そう呼んでも間違いではないのでしょう。けれども、戦争における一般的な「戦い」とは、運が良ければ生き延びられるのが前提で、本人も上官も、そのさらに上の司令官も、兵士が敵に打撃を与えて自分は生き延びることを「望ましい結果」と考え、そうなることを目指します。

最初から一〇〇パーセントの「死」を、上官とその上の司令官が兵士に要求するような戦法は、普通の軍隊では成立しません。兵士やその家族の国民が、それを許さないからです。成功する見込みが少ない不利な状況下で、兵士に敵軍への突撃を命令する上官や司令官は古今東西にいましたが、兵士が幸運にも生き延びることは否定しませんでした。

しかし、先の戦争末期の大日本帝国の陸海軍は違いました。

運良く標的の敵艦を沈めることに成功しても、兵士が生きて還ることを許さない。

それが、特攻という戦法の実態です。戦う前から、すでに死んでいるのと同じです。出撃した時点で、特攻機のパイロットはもう死んだものと見なされます。あとは、敵艦への体当たりを成功させることで、その「死」に意味を持たせようとしたのです。

特攻隊員の多くは、高校生や大学生、若手社員くらいの年齢の若者たちでした。

その彼らは、敵ではなく、味方である上官や司令官に「死」を宣告された。

形式的には「本人の同意」あるいは「本人の志願」とされ、生き残った特攻隊員の中にも、特攻の出撃に意義を感じて覚悟した者が多かったと証言する人もいますが、兵士が同意や志願を拒む選択肢は、当時の日本には存在しなかったであろうとも思います。

そんな死に方を「戦死」と呼んで、あたかも戦争で避けられない人的損害のように一般化してしまってもいいのだろうか。特攻という「上官の命令による確実な死」を、それ以外の、敵軍の弾《たま》に当たるなどの「戦死」と同じように扱ってもいいのだろうか……。

ソファに座ったまま顔を上げると、特攻で命を落とした若者たちのモノクロ写真、つまり遺影がたくさん並んでこちらを見下ろしていました。

もし彼らが言葉を発することができたら、私やその他の日本人に、何と言うだろう。

特攻でよくぞ散華（戦死を美化して表現する大日本帝国時代の言葉ですが、元は仏教の用語）した、と褒められたいと思うだろうか。

かわいそうに、と涙を流して欲しいと思うだろうか。

それとも、自分がなぜそのような死を受け入れざるを得なくなったのか、その理由と構造をとことん究明して欲しい、と頼むだろうか。

考え方は人それぞれだと思いますが、私は、三番目ではないかと感じました。

それが、今この本を書いている大きな理由の一つです。

◆なぜか「特攻の発案者や命令者の責任」を問わない展示

鹿児島にある特攻の博物館や展示室を見学して、もう一つ疑問に感じたのは、特攻という戦法の詳細や、そこから出撃した特攻隊員一人一人についての情報はたくさんあるのに、その戦法を実行させた上官や司令官の責任を厳しく問う展示がないことでした。

遺影や遺書が並べられた展示室は、どこも撮影禁止となっていて、そこに行かなければ見ることができません。見学者の中には、遺書の前で涙を拭いている人もいます。

本当なら、そこで「真面目で誠実な若者たちを、こんな酷《ひど》い目に遭わせたのは誰だ」と命令者の責任を追及する流れになるはずです。ところが、三か所の特攻博物館と展示室を見ても、その一番重要な問題には一切触れないまま、ただ「戦争はいけない」や「平和は尊い」などの一般論で、責任の所在を曖昧にしているようだと、私は感じました。

特攻という戦法は、確かに酷いが、日本軍が劣勢となった戦争末期の状況で、やむにやまれず行われたもので、特攻隊員は国を守るために貴い命を捧げたのだ。そんな彼らの崇高な自己犠牲の精神と行動を、我々現代の人間は心に留めなくてはならない。そして、特攻のような事態を引き起こす戦争は、二度としてはいけないのだ、と。

例えば、万世の平和祈念館には同館の設置についての説明文が掲示されていますが、その最後には次のような文章が記されています。

今日の日本の平和と繁栄は、散華された英霊の犠牲の上に築かれたものであり、平和は血と涙によってもたらされたものであることを正しく後世に伝えていくことは、残された私達の責務であると信じ、平和への祈りを新たにしたいものである。

おそらく、多くの日本人は、こうした説明に疑問を抱かずに、黙禱《もくとう》するでしょう。そして、若者たちが命を捧げた特攻による「死」は、戦後の平和と繁栄の礎となる「意味のある立派な行いだったのだ」と解釈し、感謝の心とともに、若くして死んだ彼らの無念に寄り添おうという、情緒的な態度をとる人も、少なくないように思います。

ですが、本当にそれでいいのでしょうか？

戦争末期から敗戦、そして戦後の日本の歩みについて、基本的な流れを知っている人であれば、この説明文を読んで「おや？」と思う箇所がいくつもあるはずです。

今日の日本の平和と繁栄は、特攻隊員の犠牲の「上に築かれたもの」という表現は、あたかも「大勢の若者が『特攻で死んだおかげで』戦後の日本は平和と繁栄を享受できた」という風にも読めますが、実際の因果関係は、そのようなものではありませんでした。

酷な書き方になりますが、戦後の日本の平和と繁栄は、大日本帝国が連合国に敗北し、特攻隊員が命を捧げて守るよう命じられたもの（天皇を中心とする大日本帝国の国家体制＝国体）が守られずに崩壊して、戦後の日本が戦前や戦中とはまったく異なる価値観（自由と平和を重んじる民主主義）で再スタートしたことによって得られたものでした。

それに続く「平和は血と涙によってもたらされたもの」という表現も、まるで「特攻という行為のおかげ」で戦後の日本は平和になったかのような印象を来館者に与えますが、実際には、特攻という手段が戦争末期の日本にもたらした効果の一つは、当時の大日本帝国の指導部が戦争の敗北を認めるのを先送りにしたことでした。

もし特攻を日本軍が行っていなければ、大日本帝国の降伏は早まった可能性が高いと考えられます（詳しい理由は後で説明します）。「連合国への無条件降伏」という結末が、もはや避けられないのであれば、軍人や市民の犠牲を少しでも減らすべく、一日も早く敗北を認めて降伏するという合理的な選択肢も、当時の指導部にはあったはずです。

しかし、戦争末期の大日本帝国の戦争指導部、具体的には陸軍と海軍の上層部はそのような選択肢を取らず、代わりに行ったのが、自分たちの敗北を一日でも先延ばしにするための、特攻という若者の命を賭けのチップに使うかのような「ギャンブル」でした。

飛行機一機または数機の体当たりで、敵の空母を一隻沈めることに成功すれば、そしてその比率で敵の空母をどんどん撃沈できれば、圧倒的な劣勢にある日本軍は戦局を挽回《ばんかい》できるはずだ。そして、特攻によるアメリカ海軍の損害が増大すれば、アメリカは日本側の主張をある程度受け入れる形で、講和（戦争終結の合意）に応じるかもしれない。

そんな「いちかばちかの博打」で、まだ操縦の訓練もろくに積んでいない一六歳の学徒兵までもが、爆弾を固定された飛行機もろとも、敵艦への突入を命じられました。

◆特攻隊員の悲劇的な最期に「意味」を見出《みいだ》すことの危険性

私は、古今東西の戦史や紛争史を研究し、たくさんの著書や雑誌記事を書いてきましたが、ずっと心掛けていることがいくつかあります。

その一つは、戦いで命を落とした人について「無駄死に」や「犬死に」という言葉を使わない、ということです。それは、亡くなった人の尊厳をないがしろにする、礼儀や敬意を欠いた乱暴な言葉遣いだと思うからです。

それと同時に、「尊い犠牲」のように、死をことさら称揚することもしません。

戦争やその他の社会現象において、そこで生じた「死」に意味があるか、ないかという考え方自体、人の命を軽んじる思考につながる危険な思考法です。

博物館の展示や特攻に関する書物で数多く紹介されている特攻隊員の遺書の内容を見れば、彼らの多くは当時の大日本帝国で美徳とされた「尽忠報国（君主に忠義を尽くし、国家に報いること)」の考え方に則り、特攻で死ぬことが「国民として、軍人としての正しい務め」だと理解していたように感じられます。

物事を「論理(ロジック)」でなく「情緒(エモーション)」で考えるなら、特攻で命を落とした若者を「かわいそう」だと憐《あわ》れむ気持ちも理解できます。特攻隊員の「死」は「無駄ではなかった」ということにしてあげたい、という思いやりのつもりで「あなた方の犠牲には意味(価値)があった」というのも、一つの「やさしさ」でしょう。

しかし、我々はここで、少し頭を冷やして「そもそも、遺書とは何のために書かれるのか?」という側面にも、目を向ける必要があるように思います。

特攻隊員の遺書は、宛先が母親などの家族になっています。当時の大日本帝国では、軍人は楠木正成と同様に「天皇に命を捧げることに至高の価値を見出す」という精神文化が社会の隅々まで浸透しており、立派な死に方をした軍人の家族は、周囲の人々からの称賛の的となりました。華々しく特攻で「散華」した軍人の家には「軍神」という札が付けられ、通りがかった人が黙礼する光景も、あちこちで見られました。

家族を残して自分が「確実な死」へと出撃する特攻隊員の心には、自分が「立派に死ぬこと」が「親孝行」になるとの考え方が、極限的な心理状態に差し込む一筋の光明のような「希望」であっただろうと、私は想像します。特攻隊員の遺書には、親を悲しませないよう、そして親が自分のせいで理不尽な屈辱や苦痛を味わわずに済むように、という痛切な心配りの言葉が、はっきりと読み取れるからです。

本当は自分が上官や組織から強要される「死」が理不尽だと考え、受け入れたくないと内心で思っていたとしても、両親や家族に宛てた遺書で、それを告白することはできません。遺書の目的は、両親や家族を安心させ、せめて自分の「死」を誇りに思って欲しい、という、理不尽の中に「理」を見出して伝えることだからです。

もし特攻隊員が、遺書の中で「ぼくは本当は死にたくない」などの言葉を書けば、読んだ両親や家族が嘆き悲しむだけでなく、検閲でその事実を知った軍の関係者から、高い確率で懲罰の暴力を受けることが予想されます。そして、残された両親や家族も「非国民の家」として非難の対象となり、石を投げられたりする可能性がありました。

特攻隊員が遺書で書き記した「笑って突込んで行く覚悟です」「私が死んでもどうか悲しまずに大君［天皇］の為《ため》に　よくぞ死んだ天晴《あっぱ》れな最後だったとほめてやってください」（本仮屋孝夫一等飛行兵曹）、「お父上様、母上様この栄の心境を察し下さい　栄は飛んで喜んで行きました」「私は何の心配なく喜んで敵巨艦の胴腹に突込みます」（平島栄一等飛行兵曹）などの言葉のすべてが、自らの心を偽る「ウソ」であったとは私は思いません。実際に、多くの特攻隊員が、遺書に書き記した「意味」を信じて、あるいは信じようと努めて、出撃して行ったのでしょう（引用した遺書は、鹿屋航空基地史料館連絡協議会『魂《こころ》のさけび』より）。

もし、特攻による死に何らかの「意味」があると確信できないなら、敵艦への体当たりのような極限的な行動を行うことはまず不可能です。

その一方で、戦後に明らかになった遺族の証言（特攻出撃前に帰郷を許された兄が、布団の中で隠れて号泣する姿を妹が目撃）や、特攻兵を訓練した航空部隊教官の手記（特攻出撃を命じられた時、兵士たちの顔が青ざめ、小刻みに震える者もおり、多くの隊員はその日の夕食時にも箸に手を付けることもできず、まるでお通夜のように無言だった）は、親や家族への遺書に記された「笑って出撃します」という言葉とは異なる、特攻隊員の心の奥底にあった「本当の気持ち」を示しているように思えます（二〇二一年八月十五日にＮＨＫ－ＢＳで放送された番組「特攻　知られざる真実」で紹介されたもの）。

人間の心理は複雑で、相反する心情を同時に抱えたまま何らかの行動をとることは、戦争以外の普段の社会でも珍しいものではありません。

《なぜ昭和の大日本帝国だけが特攻を繰り返したのか》

◆組織的な自殺攻撃を命令で繰り返したのは日本軍だけ

特攻という戦法は、実質的には当時の大日本帝国海軍上層部が命令して始めさせたものですが、そこに至るまでには、いくつかの紆余曲折がありました。

飛行機による組織的な体当たり攻撃が、軍の命令で最初に実行されたのは、一九四四年十月二十五日でした。しかし、海軍の内部では、実はその八か月前の二月二十六日に体当たり兵器「マル六」の試作を決定しており、七月に試作を完了、八月一日に「回天」（写真3）として正式に導入されていました。

この「回天」は、大型の魚雷に人間を乗せて体当たりさせる「水中特攻」の兵器で、初めて実戦に投じられたのは「航空特攻」から少し後の一九四四年十一月二十日でした。

また、一九四四年八月十六日には、敵への体当たりを目的とした「マル大」と呼ばれる人間爆弾の製造が、海軍の航空技術廠《ぎじゅつしょう》で始まりました。「桜花」と名付けられたこの兵器は、中型

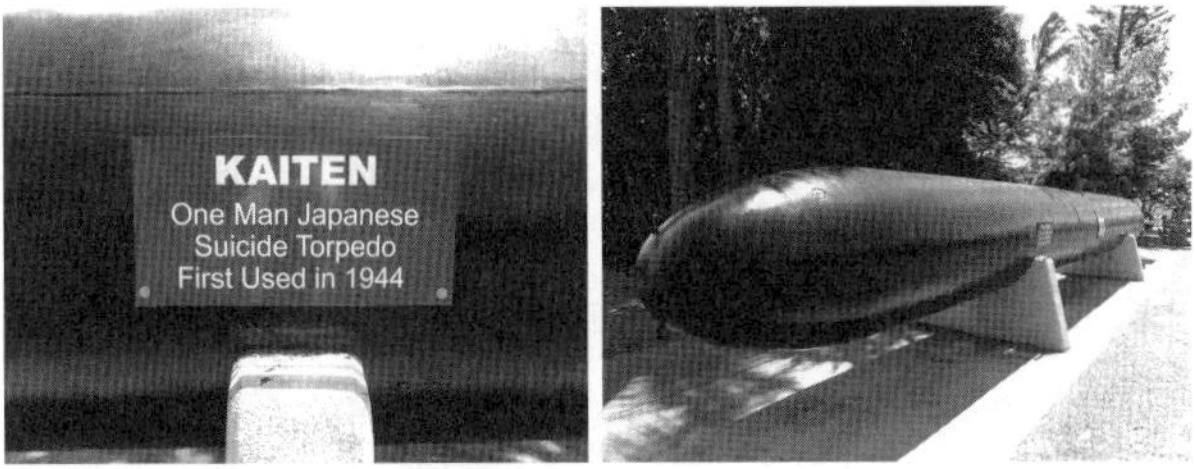

写真3　水中特攻兵器「回天」

攻撃機に搭載されて上空で放たれ、ロケットエンジンで加速後、乗員が小さい翼で針路を修正しながら、敵に体当たりすることを想定していました。

これらの他にも、ベニヤ板で作った一人乗りボートに小型エンジンと爆薬を積み、敵艦に体当たりさせる「マル四」（震洋）など、いくつかの「特攻兵器」が同時並行的に開発され、既存の飛行機を使った体当たりの特攻が始まる前から、軍内部では「体当たり兵器の研究と開発」が行われていました。

日本軍の内部でこのような人命軽視の兵器開発が開始された背景には、もはや通常の戦い方ではアメリカ軍に対して有効な手を打てないという焦りと屈辱、そして日本軍の名誉や権威が国内で失墜することへの恐怖が存在していました。

日米開戦直後は、零《れい》式戦闘機（ゼロ戦）の性能やパイロットの練度などで米軍に対する優位を確保していましたが、戦争中のベテランパイロットの損耗や、米軍側で精力的に進められた兵器と戦術の向上により、一九四三年頃にはその優位が失われ、一九四四年に入ると明白な米軍の優位へと、戦局が傾いていました。

特攻は、こうした状況下で生まれた、破れかぶれの苦肉の策だったのです。

ところで、第二次世界大戦には大日本帝国以外にも、アメリカ、イギリス、ドイツ、ソ連、イタリア、中国（中華民国）など、多くの国が参戦しましたが、特攻のような、兵士の命を確実に失わせることを前提とする「体当たり攻撃」を、組織的かつ継続的に戦法として行った国は、他にあったのでしょうか？

答えは「ノー」です。

大日本帝国と同盟国だったドイツだけは、日本軍の特攻にヒントを得て、体当たり戦法を目的とする戦闘機の集団を編成し、戦争末期の一九四五年四月七日に、ドイツ上空に飛来するアメリカ軍の爆撃機編隊に向かわせました（エルベ特別攻撃隊）。しかし、軍事的合理性の面で効率が良くないと判断され、この一度しか実施されませんでした。

この時、襲来したアメリカ軍の爆撃機は約一三〇〇機であったのに対し、攻撃したドイツ空軍の戦闘機は一〇〇機ほどで、体当たりによって撃墜された米軍の爆撃機は、米軍側の記録によれば、わずか八機でした（このほか五機が損害を被った後に墜落）。そして、ドイツ空軍の上層部は戦闘機が米軍爆撃機に体当たりする直前に、パイロットが操縦席から脱出することを認めていました。

つまり、ドイツ軍は日本軍と異なり、体当たり戦法でパイロットが「死ぬこと」に特別な意味づけを行っておらず、また戦意高揚のプロパガンダを好むヒトラーやゲッベルスなどのナチス・ドイツの高官も、こうした体当たり戦法を国民向けの「自己犠牲を称賛する宣伝」に使おうとはしませんでした。

◆大正時代までは軍人の命を大事にしていた大日本帝国

特攻や玉砕など、太平洋戦争（第二次世界大戦）における日本軍は、兵士の死に特別な意味づけを行い、戦争末期には彼らの命を軽んじる戦法を繰り返し実行させました。

そのため、戦後の日本では「大日本帝国時代の日本軍は、人命を軽視する組織だった」というイメージが社会に広まりました。しかし歴史を振り返ると、こうした著しい人命軽視の戦法は、大日本帝国時代末期の三年間（一九四三～四五年）に集中しており、明治期や大正期に日本軍が行った戦争では、特攻や玉砕のような戦法は見られませんでした。

例えば、日露戦争（一九〇四～〇五年）において、日本海軍は三次にわたる「旅順口閉塞作戦」を実施しましたが、参加する兵士を一人でも多く生き延びさせるという前提で、作戦計画が立案されました。

この作戦は、当時ロシア帝国が保持していた旅順港の狭い入り口に、石炭殻を満載した古い船を沈めて通行不能とし、港内に停泊しているロシア海軍の艦隊を無力化するというものでした。しかし、目標の周辺には強力なロシア軍の砲台が多数あり、沈める船を旅順港の入り口に航行させる日本軍の兵士は、砲撃で戦死する危険に晒されました。

日本海軍の主力である連合艦隊は、兵士の人命を重視する姿勢を最後まで貫き、結果として三度の閉塞作戦はすべて失敗に終わりました。後に「軍神」として神格化される広瀬武夫中佐は、この作戦中に戦死した一人ですが、彼が命を落とした理由は、所在が不明となった杉野という部下を捜すことに時間を費やし、脱出が遅れたためでした。

大正期に行われた、ロシア内戦への干渉（いわゆる「シベリア出兵」）でも、日本軍は派遣した日本兵の命を粗末にせず、兵士の死をことさら美化礼賛するような風潮もありませんでした。それどころか、大正期の日本では人々の権利意識が高まり、軍人も自分の命を大事にする権利があるという考え方が、軍隊の内部にも広まっていました。

そのため、戦場で「部下の命を不必要に危険に晒している」と兵士から見なされた指揮官は、徒党を組んだ兵士から暴力的な「仕返し」をされたり、戦闘中に後ろから撃たれたりすることもありました。

明治期や大正期の日本軍は、戦場がすべて外国だったこともあり、全面的な敗戦という危機には直面しませんでしたが、もし当時の指導部が前線の兵士に特攻のような体当たり攻撃を命じたとしても、従わない兵士が続出していた可能性が高いと思われます。

では、日本軍はいつから、兵士の命を軽んじるようになったのか？

大きな転機となったと考えられるのは、一九三二年（昭和七年）一月から三月に戦われた「第一次上海事変」でした。

当時、中華民国の上海には、日本などが権益を持つ「租界」と呼ばれる一角がありましたが、前年に発生した満洲事変により日中関係は極度に悪化しており、現地の日本人や日本企業が中国人に襲撃される事件が多発していました。それらに対する中国政府側の対応を不服とした日本軍は、一月二十八日の小規模な交戦をきっかけに上海で大規模な軍事行動を開始し、日本軍だけで七〇〇人を超える戦死者を出す紛争へと拡大しました。

この時、二月二十二日の戦闘で三人の工兵が爆薬入りの筒を持って中国軍の陣地に突撃し、鉄条網の破壊と引き換えに戦死する出来事が発生すると、荒木貞夫陸軍大臣がこの三人を「爆弾三勇士」と名付けて称賛し、新聞各紙もこれに同調して賛美する記事を書いたことから、戦場での自己犠牲が美化礼賛される風潮が社会に生まれました。

映画界や音楽界、演劇界でも、三人の壮絶な戦死を題材にして「爆弾三勇士」あるいは「肉弾三勇士」を美談として顕彰する作品が次々と作られ、メディアが熱狂的に創り出した「三勇士ブーム」によって、自らの命を犠牲にすることが兵士の本分であるかのような考え方が、昭和初期の日本で徐々に広がっていきました。

◆特攻と「肉弾突撃」の相違点、特攻と「竹槍《たけやり》」の類似点

明治期に行われた日露戦争については、映画やドラマで「二〇三高地の激戦」が知られており、当時も「人命を軽視していたのでは？」と思う方もおられるかもしれません。

二〇三高地の激戦とは、旅順港の背後にある高地のロシア軍要塞を、乃木希典《のぎまれすけ》将軍に率いられた日本陸軍第三軍の兵士が攻め落とした戦いのことで、日本軍は最終的に目的を達成した反面、一万五〇〇〇人を超える戦死者を出す結果となりました。

この時に日本軍が行った戦法の一つは、いわゆる「肉弾突撃」で、敵の大砲や機関銃陣地に正面から突撃するという、損害覚悟の壮絶な戦い方でした。映画やドラマの描き方だけを見れ

ば、乃木将軍は無造作に歩兵の突撃を部下に命じていたように見え、それを特攻と重ね合わせる人がいても、不思議ではありません。

しかし、特攻と「肉弾突撃」の間には重要な相違点が存在します。

後者の場合、可能性は低くても「兵士が生き延びる」ことに期待がかけられていたのに対し、前者の特攻は「兵士が必ず死ぬこと」を不可避の前提としていた事実です。

もう一つ、特攻についてしばしば語られるのは、「竹槍」との類似点です。

太平洋戦争末期の大日本帝国の指導部は、アメリカ軍の襲来に対抗する術《すべ》として、竹槍という武器を使った刺突（刺して突く）訓練を、国民にも行わせていました。

実際のところ、竹槍は、戦争の兵器として有効だったのでしょうか？

その答えは、おそらく次のようなものになるでしょう。

「アメリカ兵を殺す兵器として、竹槍は有効だ。ただし、突撃を開始した場所から、目標であるアメリカ兵のすぐ近くに到達するまでの間に、それを持つ日本人が、米軍のライフル銃や機関銃、自動小銃から雨のように発射される弾丸に当たらず、米軍の大砲から放たれた砲弾の破片の直撃をまぬがれ、上空から飛来する米軍の戦闘機による機銃掃射を回避し、米軍の火炎放射器の炎にも包まれない、という条件が満たされれば」

どうでしょう？　前段では「有効だ」と結論づけていますが、その後で、現実に即した厳しい条件がいくつも並んでいます。

理論的には、ここに挙げた「障害」を全部乗り越えて、竹槍を持った日本人がアメリカ兵の場所までたどり着き、尖《とが》った先端を相手の身体に突き刺せる可能性は、ゼロではありません。けれども「可能性がゼロではない」は「現実的な手段として有効だ」を意味しません。先の例で記した「有効だ」という言葉は、あくまで「理論的には」という意味ですが、それは言い換えれば「たくさんの幸運に恵まれれば」という話です。

特攻の場合も、戦法としての有効性を考える上で、こうした「理論的には」と「たくさんの幸運に恵まれれば」の両面で考えなくてはなりません。

特攻という体当たり攻撃の「命中率」については、過去の研究でいくつかの数字が示されていますが、絶対的な確率として見れば、決して高いものではありませんでした。例えば、一九四四年のフィリピン戦域で実行された特攻では、命中率は一割前後だったと分析されています（小沢郁郎『つらい真実　虚構の特攻隊神話』第三章）。

そして、特攻の場合は「幸運に恵まれて敵艦に衝突できた」としても、パイロットの特攻隊員は「必ず死ぬ」という、本質的な「幸運」とは異質な図式であった事実を、我々は理解しなくてはなりません。そこが「肉弾突撃」との大きな違いでもあります。

《「自発的志願」という体裁にされる「秩序による強制」》

◆堅牢《けんろう》な既存秩序によって奪い取られる「NO」と言う選択肢

特攻に関する多くの文献で言及されているように、特攻隊員は形式上は「志願」という体裁がとられましたが、実質的にはそれ以外の選択肢を選べませんでした。

ただし、これは、特攻隊員のすべてが「自らの意志に反してそれをした」という意味ではありません。

「え？　どういう意味？」と疑問に思われる方もおられるでしょうが、人が何かの判断を下す思考の過程はとても複雑で、特攻隊員が置かれた境遇を詳細に知ると、単純な「志願か、強制か」の二分法で割り切れるものではなかったように感じられます。

特攻という戦法が「命令」で始まる以前に、飛行機による体当たり攻撃を自らの意志で提案する航空兵がいたこと、劣勢な戦局を挽回するためにはもはや特攻のような非常手段しかないと考えて、その大義のために自らの命を捧げるという「決断」を下した特攻隊員が数多く存在したことを裏付ける記録や証言は、いくつもあります。

我々は、一〇代や二〇代の若者が選んだ「決断」や「覚悟」と、正面から向き合う必要があるように思います。その多くは、形式上は「自らの意志」でなされた行動でした。

しかしながら、我々は同時に、特攻隊員を取り巻く当時の日本軍や日本社会の「秩序」がどのようなものであったのかにも、目を向ける必要があります。

秩序（オーダー）とは、死生観を含めた人々の価値判断基準の体系で、同じ大日本帝国憲法下の日本社会でも、明治期と大正期、昭和初期では、人々の思考や行動に多大な影響を及ぼす「秩序の内容」に大きな違いがありました。

大正期の日本では、天皇への絶対的崇拝という宗教的な熱狂は社会の主流ではなく、一人一人の兵士の命も「大切にされるべきものだ」という考え方が存在しました。

その後、昭和に入ると経済恐慌による貧困が日本各地、とりわけ農村部を直撃しましたが、当時の政党政治は財閥など少数の富裕層に顔を向けた政治を行い、農村の苦境を救おうとはしませんでした。そのため、農村出身の若い軍人は、崇高な天皇が直接政治を差配する体制（天皇親政）にすれば、こうした不平等も解消されると信じ、政治家や財界人を殺害するクーデター未遂事件（五・一五事件、二・二六事件）を引き起こしました。

また、一九三五年（昭和一〇年）には、天皇も憲法の枠内でのみ権能を行使できるとする「天皇機関説」の解釈が、元軍人の政治家や在郷軍人会（退役軍人と予備役軍人の全国組織）、天皇を崇拝する右翼団体らによって弾圧される出来事が発生しました。

この「天皇機関説事件」により、天皇の権威が過剰に高まることを抑止するブレーキが社会から失われ、天皇は絶対的に神聖な「神」として崇《あが》められ、天皇以外の日本国民（当時の言葉では「臣民＝天皇に仕える民」）の地位は相対的に低くなり、人の価値は「大君（天皇）のためにどれだけ役に立てるか」だけで評価されるようになりました。

大正期や現在の日本国のような、一人一人の国民の命それぞれに「尊い価値がある」という考え方は、昭和期の大日本帝国では社会から事実上一掃され、軍人もそれ以外の国民も「天皇のお役に立てるのであれば命を捧げても本望だ」という姿勢を示すことを求められました。それに疑問を抱いて従わない者は、周囲の人間から「非国民（日本国民ではない何か）」と罵られ、投石などの暴力を受けたりして、集団から排除されました。

大日本帝国時代の日本陸軍と日本海軍の正式名は「大日本帝国陸軍」「大日本帝国海軍」でしたが、昭和初期の日本軍人たちは大日本帝国を「皇国」、陸海軍を「皇軍」と呼ぶようになり、あらゆる行動の目的が「天皇への献身奉仕」と結びつけられました。兵士が小銃（ライフル銃）を大切に扱うのは、それが「天皇から給《たま》わった物」だからで、手入れが不十分だと、天皇に対する「不敬」だとして、上官から殴る蹴るの暴行を受けました。

このような精神文化の「秩序」に、日本軍という組織がどっぷり埋没する中で、日中戦争（一九三七年～）と太平洋戦争（一九四一年～）が勃発しました。どちらの戦争でも、序盤は日本軍が各地で連戦連勝を重ね、新聞は「無敵皇軍」という言葉で日本軍の戦勝を礼賛し、主要都市を占領するたびに「天皇陛下万歳！」の声が響きました。

ところが、戦争後半になると「無敵皇軍」だったはずの日本軍が各地で退却したり全滅したりする事態が相次ぎ、一九四四年夏にはもう、通常の方法ではアメリカ軍に対抗することができなくなっていました。そんな状況で、起死回生の非常手段として体当たり攻撃＝特攻に光が当てられれば、誠実で真面目な若者ほど「自分がやります！」という心理状態になるのは容易に想像できます。誰かがやらないといけないのなら、自分が、と。

そして、この状況下で「自分は志願しません」と上官に明言することが、どれほど困難であったかも、想像するのは難しくありません。そんなことをすれば、自分だけでなく、家族までもが「非国民」と罵倒され、集団から排除される可能性もあったからです。

このような形式の「志願」は、その部分だけ切り取れば「自発的な行動」になります。けれども、兵士を取り巻く社会環境という「秩序」も含めて考えれば、兵士本人は「自らの意志」だと信じていたとしても、客観的には「NOという選択肢を事実上『秩序』に取り上げられた形での、ただ一つ許された選択肢」であったことは明白です。

◆「自発的志願」という形式作りに好都合だった楠木正成

先ほど、昭和期の大日本帝国では、軍人もそれ以外の国民も「天皇のお役に立てるのであれば命を捧げても本望だ」という姿勢を示すことを求められた、と書きました。

これを読まれた時、何かを思い出しませんでしたか?

そう、楠木正成です。

昭和期の大日本帝国、具体的には一九三五年から四五年の日本社会は、軍人もそれ以外の国民も、六〇〇年前の楠木正成のような思考と行動を行うことを求められました。これこそが、帝国の「臣民」として当然の務めであり、その務めを果たそうと努力しない者は「非国民」の誹《そし》りを受けて、居場所を失いました。

特攻隊員の遺書の中には、「楠志継承「楠木正成の志を継承」　必死報国　眠霊靖国　励咜子孫」（土屋浩中尉）や、「今後と雖《いえど》も皇国に徒《あだ》なす仇敵には七度　人間に生まれ変ってこれを討たんと期し居《お》ります」（尾辻是清《おつじこれきよ》中尉）など、楠木正成の故事に言及したものがいくつも存在します（遺書の出典は前出の『魂のさけび』）。

　また、特攻を行った航空部隊や水中部隊の名前にも、楠木正成に関連するものがいくつもありました。水中特攻を実行した回天の部隊は、先に触れた「菊水作戦」と同様、楠木正成の家紋にちなんだ「菊水隊」と名付けられ、陸軍第三航空軍が指揮下の各飛行師団に編成を命じた航空特攻の飛行隊には、楠木正成が最期に誓った「七生滅賊（七生報国）」にちなんで「七生」という名称が付与されました（七生旭光隊、七生昭武隊など）。

　では、なぜ楠木正成と特攻は、これほど強く結びついていたのでしょうか？　大きな理由として考えられるのは、先に紹介した「楠木正成の最期」です。

　楠木正成は、ひたすら「天皇のため」に働き、忠義を尽くした武人でしたが、後醍醐天皇を守るための湊川の戦いで敗れ、弟と共に自害しました。つまり、楠木正成は、戦いに勝って後醍醐天皇を守るという「任務」の達成に、失敗していました。

　けれども、昭和期の大日本帝国では、その「天皇を守れなかった楠木正成」を「天皇を守るために命を捧げた武人の鑑」として称賛し、人々の手本としました。「実際に天皇を守れたかどうか」ではなく「天皇を守るためにどれほど努力し自己犠牲を厭《いと》わなかったか」が、評価基準で上位に置かれていました。

ここで、本来の目的を達成できなくても「天皇のために死ぬ」のであれば良しとする、二次的な評価基準が生まれていることに注目する必要があります。

戦争末期の日本軍上層部にとって、このような二次的な評価基準は、自分たちの面子や名誉の失墜を回避する上で、きわめて好都合なものでした。

当時の対米戦の戦況は、日本軍が特攻という戦法をとっても、それで好転させられる確証はほとんどなかったからです。

日本軍の飛行機が特攻で敵の空母を次々と沈めて、日本軍の劣勢を挽回する、という軍指導部の見通しは、「そうなってくれたらありがたい」という願望であり、成功の可能性を科学的に検証したシミュレーションに基づく状況認識ではありませんでした。したがって、特攻をやっても米軍の優位は揺るがない可能性がありました。

しかし、敵に打撃を与えるという一般的な軍事目的に「天皇を守るために乗員が命を捧げる」という「楠木正成を手本とする崇高な物語」が重ね合わされたことで、特攻という戦法は「成功したか、失敗したか」という通常の軍事的合理性の基準とは異なる「精神的な基準」で評価されるようになります。

これにより、特攻隊員は、たとえ敵艦に体当たりする前に撃墜されたとしても、「天皇を守るために命を捧げた」という楠木正成の精神（楠公精神）の体現によって、軍事的成果とは別に、軍指導部や国民からの「最高の評価」を得ることになりました。

称賛の対象は、特攻で出撃して生還しなかった隊員全員であり、空母への体当たりに成功しなくても、立派に「散華」したとして褒め讃えられました。

つまり、楠木正成の故事を特攻という戦法に重ねることにより、体当たりの成否にかかわらず、その「死」に肯定的な意味づけがなされる図式が創り出されました。特攻とは、それを実行した隊員の「死」とそれを受け入れる「心構え」が実質として「目的」化し、死ぬことで政府と国民からの称賛の対象となる、異様な戦法だったのです。

◆選択肢を上位者に決められることに慣れてしまった日本兵

これまで述べてきたように、昭和期の大日本帝国では、体当たり攻撃の特攻が上官の命令によって既成事実化され、個人あるいは部隊単位で特攻を命じられた兵士が、これを拒絶することはきわめて困難な状況でした。

特攻隊に関する記録を調べると、部隊としての特攻を命じられたものの、これを拒絶して通常爆撃を続けた飛行隊長が何人かいたことがわかります。

自らが指揮する陸軍飛行第六二戦隊を「特攻」部隊へと改編するよう命令を受けて「部下を『犬死に』させたくない」と拒絶して罷免された石橋輝志少佐や、いったんは部下に特攻を命じたものの、特攻出撃の命令に対し「通常の夜間爆撃の方が効果を期待できる」として拒絶した海軍第一三一航空隊（芙蓉《ふよう》部隊）隊長の美濃部正少佐などです。

けれども、こうした事例はごく少数の例外であり、ほとんどの場合は、指揮官も飛行士も最終的には「特攻命令」に従い、死地へと飛び立っていきました。

こうした従順さは、大日本帝国時代に行われた教育方針にも理由がありました。

大日本帝国時代の教育内容を現代の視点で振り返る時、いくつかの基準から光を当てて評価することが可能ですが、その大きな特徴は、批判的思考の著しい欠落でした。

批判的思考は、英語では「クリティカル・シンキング」と呼ばれますが、単に物事のあら探しをするような考え方ではなく、物事を道理立てて考えることや、問題の解決における前提条件を疑うこと、状況を客観的に俯瞰《ふかん》して分析すること、自らが気づかないうちに陥っている思い込みを自覚することなどを指します。

組織や集団の上位者が言うことを鵜呑《うの》みにせず、内容に疑いを差し挟んだり、もっと優れているると思うアイデアを提言することも、批判的思考の一形態です。

これとは逆に、組織や集団の上位者が言うことを鵜呑みにし、内容に疑いを差し挟んだりせず、ただ上位者の教えに従って行動するような態度は、批判的思考が欠落した状態であると言えます。

大日本帝国時代の日本の教育、とりわけ昭和期の教育は、後者の典型でした。

その象徴が、有名な「教育勅語」です。

「教育に関する勅語」とも言われる教育勅語は、一八九〇年十月三十日に、明治天皇が首相（山《やま》県《がた》有朋《ありとも》）と文部相（芳川顕正《よしかわあきまさ》）に与えた勅語でした。勅語とは、天皇が臣民に下賜するという形式で発せられる意思表示で、大日本帝国時代には絶対的な権威を持っていました。

現在の日本でも、教育勅語には「いいことも書いてある」から学校で教材として使っても問題はない、と主張する人がいます。けれども、教育勅語の大きな特徴は、それを読む子どもが批判的思考で内容を考えることを一切許さないことでした。

宗教の聖典と同様、そこに書かれていることは「絶対的に正しい」ものと見なされ、それを学ぶ子どもに許されるのは、有名な「一旦緩急あれば義勇公に奉じ以て天壌無窮《てんじょうむきゅう》の皇運を扶翼すべし」などの文言を暗記し、暗誦《あんしょう》することだけでした。

実際には、教育勅語を書いたのは明治天皇ではなく、フランスへの留学経験を持つ内閣法制局長官の井上毅《こわし》と、明治天皇の側近である儒学者の元田永孚《もとだながざね》でした。しかし、当時の国民は、この事実を知らされず、教育勅語の内容に批判的な視点を差し挟むことは、天皇に対する不敬として厳しい処罰の対象となりました。

このような厳しい権威主義形式の教育を受けたことも、若い軍人が特攻という事実上の「自殺攻撃」を拒絶できなかった理由の一つだったと考えられます。批判的思考を育む教育を受けたことがなければ、組織や集団が下す決定に疑問や異論を差し挟むという発想すら、頭の中に持ち得ないからです。

《不都合な現実を隠す「煙幕」としても機能していた特攻》

◆組織的な特攻が始まる前から体当たり攻撃を礼賛していた新聞

兵士を体当たりさせる特攻という戦法を始めたのは、まず日本海軍、次いで日本陸軍でしたが、当時の新聞による特攻の報じ方は、その意図はなかったとしても結果的に、陸海軍の特攻をエスカレートさせる役割を果たしたと言えます。

一九四四年十月二十五日に行われた最初の組織的特攻として、「神風《しんぷう》特別攻撃隊　敷島隊」を海軍が公表したのは、十月二十八日のことで、十月二十九日付の「朝日新聞」は一面で「神鷲の忠烈　万世に燦たり」「敵艦隊を捕捉し　必死必中の体当り」という見出しで報じました。記事では、隊長の関行男大尉をはじめ五人の隊員の名前と、関大尉の顔写真が紹介され、大義に殉じた楠公（楠木正成）父子の精神を踏まえ「絶対に生還を期さない必死隊である点に戦史に比類なく、古今に絶する壮烈なものがある」と記しています。

その下にも、特攻隊について「身を捨て国を救う　崇高極致の戦法」との見出しで礼賛する記事と、関大尉らの略歴や出撃前の談話などが掲載され、特攻隊を取り扱う記事のパターンが実質的に作られました。

これ以降、特攻隊の出撃があるたびに、同様の礼賛記事が掲載されましたが、その特徴は、特攻で命を落とした隊員の名前や顔写真が一面に載り、「神鷲」などの異名が奉られるなど、通常の戦死者とは別格の扱いを受けたことでした。詩人の高村光太郎は、十月三十日付「朝日新聞」朝刊で「自己の生命のことなどはもとより、行動の成果をすら己《おの》れは知ることなく、ただ大君〔天皇〕の御ために、やれるだけのことをやる、この意味で五勇士の壮挙は日本精神の至高の顕現でなくて何であろう」と、特攻隊員を褒め讃えました。

特攻隊員の「壮挙」や「偉業」が新聞紙面を連日飾ると、戦争全体の戦況よりも、各隊員の人となりや心構えなどに関する美辞麗句、出撃を前にした隊員の写真などが目立つようになり、「フィリピンの前線部隊では特攻を志願する隊員が殺到している」と伝える特派員記事（十一月四日付「朝日新聞」朝刊）も掲載されました。

こうした特攻礼賛の風潮が社会に広まると、一般国民も戦争協力を今までにも増して熱心に行わねばならないという心理的圧力が高まり、「一億総特攻」や「一億総体当たり」などのスローガンが政府の発表でも使われるようになりました。

つまり特攻という戦法は、軍事的な行動に留まらず、国民の意識にも大きな影響を及ぼす「心理的なエネルギー」として、日本社会に作用していったのです。

ただ、当時の新聞記事を読んで気になるのは、敷島隊の特攻が行われる一九四四年十月二十五日以前から、航空機による敵艦への体当たりという戦法を礼賛する記事が、断片的に掲載されていたことでした。

同年十月十七日付の「朝日新聞」は、台湾東方の海戦で「敵部隊真只中《まつただなか》へ体当り攻撃」が行われたと報じ、十月二十一日付の同紙は、それが有馬正文《まさふみ》海軍少将であったと伝えるのとともに、社説で次のような言葉を用いて、有馬少将の体当たりを絶賛していました。

「有馬少将のこの烈々たる闘志こそ、実にわが陸海の荒鷲のすべてがもつ闘志であって、かかる指揮官が陣頭に立てばこそ、初めて今次のごとき偉大なる戦果も挙げ得るのである。有馬少将に続け！　それは必ずしも荒鷲のみの叫びではない。一億国民すべての念願であらねばならぬ」

まるで海軍の報道部が書いたような文言ですが、この「朝日新聞」の社説は明らかに、体当たりという戦法を、すべての軍人や国民が行うべき鑑のように称賛し、それに続けと軍人を扇動しています。十月二十五日付の「朝日新聞」朝刊も、阿部信弘中尉が自分の判断で敷島隊より前に行った体当たり攻撃を「偉功」として讃える記事を掲載していました。

このように、当時の新聞は、組織的な特攻が始まる前から、敵艦への体当たりという戦法を肯定・礼賛し、それに違和感を抱かせないようにする心理的な「下準備」を、軍人と国民に対して行っていました。

特攻は、実際にそれを計画・命令した海軍と陸軍だけでなく、勇壮な言葉で体当たり攻撃を煽《あお》っていた当時のメディアも無関係とは言えない問題だったのです。

◆特攻の初期段階からウソをついて国民をだました海軍と政府情報局

日本軍が特攻という戦法を行うに至った背景や、実際に特攻で出撃する隊員の心情などについて、海軍と政府の上層部は、最初から国民にウソをついていました。

第一章でも紹介した、政府機関の決定や方針内容、現状報告などを国民に伝えるための冊子「週報」の一九四四年十二月八日号に、大本営海軍報道部の名義で「一億の神風隊」と題された記事が掲載されています。その中で、海軍上層部は特攻という体当たり攻撃の始まりについて、次のように国民に説明していました。

> 南太平洋および中部太平洋の戦闘においては、我が航空機の量に、卓越せる闘志、技量をもってしても、敵の物量の膨大性には圧倒されざるを得なかった。（略）
>
> 我が国が直面する、この窮境［行き詰まった苦境］に対する起死回生の神業こそ、神風特攻隊の奮戦である。神風特攻隊の猛攻を受け、比島［フィリピン］に向かう敵海上部隊の損失は甚だしく、太平洋の戦勢は今や転換期に立とうとしている。（略）

そもそも神風特攻隊が比島沖において、必死必中の攻撃に飛び立ったのは、敵の物量攻撃を粉砕する唯一の道が、魂の攻撃によるほかないことを自覚したためであったに違いない。もし、そうであるとするならば、その責任はまさしく一億の国民にあると断ぜざるを得ないのである。
(p.13)

実際には、海軍が零戦などの従来型飛行機による体当たり攻撃を「事実上の命令」として始めさせたのは一九四四年十月でしたが、海軍はそれ以前から、体当たり攻撃を想定した有人潜水艇（回天）や有人爆弾（桜花）の設計を開始していました。

にもかかわらず、海軍の上層部は、神風特攻隊に先立っていくつもの「体当たり攻撃の計画案」を研究・準備していた事実も、神風特攻隊が「組織の論理に基づく強要」で始められた事実も国民には知らせず、それどころか本来なら海軍上層部が負うべき「特攻をさせた責任」について「一億の国民にあると断ぜざるを得ない」と責任転嫁しています。

また、海軍が行わせた特攻で出撃する隊員の心情について、あたかも全員が自発的に喜んでそれをしたかのような「ストーリー」を、国民に信じさせました。

そしていよいよ体当たり決行の時にも、なんら平常と異なるところなく、静かに語り、朗らかに興じつつ愛機に投じ、紅顔に微笑《ほほえ》みをさえ浮かべて、莞爾《かんじ》［にっこり笑うこと］として還らざる大空へと勇躍驀進《ばくしん》するのである。（p.14）

海軍上層部は、神風特攻隊という戦法が、どれほど「素晴らしいもの」であるかについても、次のような異様な言葉で説明しました。

特別攻撃隊の搭乗する飛行機は、その機体において、その爆装において、全く世界に誇る科学の粋を凝らしたものであり、従って特別攻撃隊こそは、その闘魂において、その科学において、世界歴史に比類なく冠絶する、真の日本的近代戦術の所産であり、もしも人類のなし得る最も美なるものが芸術であるとしたならば、この特別攻撃隊の姿こそは、まさに未《いま》だかつて人類のなし得なかった、至高至上の芸術の出現であるとも言い得るであろう。（略）

敵の比島に対する圧倒的物量による大反攻の出鼻を叩《たた》きつぶしたものは、実にわが特別攻撃隊の一機一艦の体当たりであった。すなわち、敵が物量と機械力をたのんで我に挑戦するのに対し、我は科学力と精神力の極致の結合によって創造した日本的戦法をもって、

驕敵《きょうてき》を撃滅しようとするのである。（pp.15-16）

そして海軍上層部は、戦局の悪化についての自分たちの責任にも、特攻機から機銃や無線機を外させたのは命令だった事実にもまったく触れないまま、国民をさらなる戦争協力へと追い立てるために、特攻による隊員の死という壮絶な現実を利用しました。

特別攻撃隊の勇士たちは、還らざる大空への進発に際しては、機体からわざわざ電波兵器を取り外して残し置き、それによって僅かでも銃後生産人の負担を軽減しようとさえしていると聞くと、我々は思わず声をあげて慟哭《どうこく》せずにはいられないではないか。特別攻撃隊勇士が、銃後に寄せるこの床しき思いやりに対し、我々もまた一億総体当たりをもって応えねばならない。（p.18）

◆特攻によって守られた日本海軍と日本陸軍の「面子」

一九三七年七月の日中戦争勃発以来、新聞やＮＨＫラジオは、日本軍を「無敵皇軍」という言葉で礼賛し、一九四一年十二月に太平洋戦争が始まった後も、緒戦の連戦連勝により、その四文字が新聞の紙面を繰り返し飾っていました。

しかし、一九四二年六月のミッドウェーの戦いで大敗（日本軍は主力空母四隻を一挙に喪失）して、大日本帝国が対米戦に勝利する可能性が事実上断たれた後、日本軍は各地で劣勢を強いられ、華々しく新聞の一面を飾れるような「勝利」はなくなりました。

一九四三年五月のアリューシャン列島アッツ島での戦いで、日本軍の守備隊が全滅すると、新聞は大本営の発表に従い、「全滅」という言葉の代わりに「玉砕」という、軍の名誉を損なわないような「言い換え」の表現を使用しました。

そして、一九四四年七月にサイパン島が陥落し、大日本帝国が戦争を継続する上で必要だと規定した領域の境界線である「絶対国防圏」を米軍に破られると、日本の戦争指導部は、戦局を挽回できるような有効策を打ち出すことができなくなりました。

もし、陸軍と海軍の指導部が組織的な特攻を命令せず、従来と同じような戦法を続けて戦況が悪化し続ければ、やがて兵士や国民の間に、軍上層部の能力への疑問や批判の感情が生まれた可能性があります。その場合、大日本帝国の連合国への降伏、つまり敗戦も、史実よりも早い段階で起きていたかもしれません。

しかし、特攻という「兵士が自らの命を犠牲にして行う壮絶な戦法」が登場した瞬間、そうした可能性は事実上、消し去られました。

隊員が「自発的に」そうしたという形で特攻が行われ、それを軍上層部が「軍人の鑑」として称賛したことで、誰も陸軍と海軍の無能や敗北続きを批判することも、すでに勝機は失われたから降伏すべきだと意見することも、できなくなってしまいました。

そのような批判や意見を口にする者がいれば、すでに死んだ特攻隊員を「批判除《よ》けの盾」として利用し、降伏を主張する者には「お前は戦局挽回のために自らの命を捧げた特攻隊員を冒《ぼう》瀆《とく》するのか」「散華した特攻隊員の死を無駄にするのか」と恫喝《どうかつ》的に反論して、黙らせることができるからです。

この恫喝的な反論は、論理のすり替えによる詭弁《きべん》ですが、陸軍上層部も海軍上層部も、特攻という常軌を逸した戦法の常態化によって、組織の面子と威信を保ち続けることができました。戦況がどれほど悪化しても、前線部隊にさらなる特攻を行わせれば、新聞は軍の無能や判断ミスには一切触れないまま、悲壮感溢《あふ》れる筆致で、命を落とした特攻隊員を美化礼賛する記事を書き立ててくれるからです。

戦争における勝利という目的を達成できるか否かという「可能性」が、勝利という目的を達成するための「努力」にすり替わり、その「努力の尊さ」が「究極の努力として自分の命を犠牲にすることの尊さ」にすり替わる。

先に指摘した通り、これは大日本帝国で楠木正成が称賛された構図と同じです。

実際に特攻でどれほどの戦果が出ているかを科学的に調査・検証することもせず（初期の特攻では、護衛と戦果確認の任務を帯びた戦闘機が随行していましたが、途中からパイロットと戦闘機の不足により廃止されたため、敵艦に命中したか途中で撃墜されたかもわからない特攻隊員が少なくない）、一六歳や一七歳の若者までも死地に向かわせ続けた、当時の陸軍と海軍の指導部の責任は、きわめて重いものでした。

目的を達成できるか否かという「可能性」が、その目的を達成するための「努力」にすり替わり、目的を達成する「努力の尊さ」が「その努力において自分を犠牲にすることの尊さ」にすり替わる。戦後の日本、現在の日本においても、同様のパターンは、あちこちで繰り返されているように見えます。

一人一人の人間が持つ「人権」を尊重せず、組織や大義のための自己犠牲を美徳とする当時の風潮は、敗戦後もなお日本社会に根強く残っているからです。

このような観点から、先の戦争で日本軍が繰り返し行った特攻という人命軽視の戦法を振り返り、大規模な特攻作戦に「菊水」などの名が付けられていた事実を知ると、防衛省が『防衛白書』の表紙にあしらった楠木正成像と瓜二つの騎馬武者の墨絵に、公式の説明では言及されない、不穏な亡霊の姿が重なって見えてくるのではないでしょうか。

ちなみに、楠木正成の銅像とほぼ同じ形状の大きな銅像が、富山県小矢部《おやべ》市の埴生《はにゅう》護国八幡《はちまん》宮《ぐう》境内にもありますが、こちらは源頼朝の従兄弟の木曽義仲（一一五四〜八四年）という武将で、一九八三年に建立されたものです。制作された年代や、皇居外苑に設置された楠木正成像の知名度の高さを考えれば、楠木正成像をモデルにした可能性は小さくないように思えます。

他にも類似の彫像は存在するかもしれませんが、より本質的な問題は、防衛省という国の防衛（軍事）問題を担う公的組織が、「天皇のために命を捧げた武将」として著名な楠木正成の銅像を連想させる絵を『防衛白書』の表紙に採用したことだと思います。

第三章　なぜ日本の組織は人間を粗末に扱うのか

《閣僚の靖国神社参拝と「人命軽視」思想の繋がり》

◆「国のために死んだ軍人への感謝」をことさらアピールする政治家

防衛省が『令和3年版　日本の防衛』を刊行した翌月の二〇二一年八月十五日、東京・九段の靖国神社では、ある行事が行われていました。

菅義偉内閣の現職閣僚による参拝です（以下、「前」「元」を含めて肩書は当時のもの）。

この日、参拝したのは、小泉進次郎環境相と萩生田《はぎうだ》光一文部科学相、井上信治科学技術担当相の三人でした。また、二日前の八月十三日には、岸信夫防衛相（安倍晋三元首相の弟）と西村康稔《やすとし》経済財政・再生相が、靖国神社で参拝を行っていました。閣僚以外の自民党の国会議員では、安倍晋三前首相と、高市早苗《さなえ》前総務相、稲田朋美元防衛相、下村博文政調会長、鷲尾《わしお》英一郎外務副大臣らが、八月十五日に靖国神社を参拝しました。

これらの現職閣僚や自民党国会議員の靖国神社参拝は、あたかも夏の恒例行事、つまり「風物詩」であるかのように、NHKと大手新聞・テレビが報じましたが、その伝え方は各社とも判で押したように、同じパターンを踏襲するものでした。

まず最初に、参拝した議員たちの口にする「参拝を正当化する言葉」をそのまま無批判に紹介した後に「中国・韓国が反発」と続けるという、単純な図式化した切り取り方で、そこには物事の本質を探究しようという批判的思考はまったく見られません。

まるで、現職閣僚や自民党国会議員の靖国神社参拝に関しては、各社とも「この決まったテンプレートに沿って報じる」という協定でも結んでいるかのようです。

けれども、こうしたメディアの態度は、日本国民に対してきわめて不誠実な態度であると言わざるを得ません。その理由は、現職閣僚と与党・自民党の国会議員による靖国神社への事実上の集団参拝には、日本社会の精神文化を、再び戦前の大日本帝国と同じような方向へと引き戻そうとする意図が潜んでいるからです。

その事実は、参拝した議員が異口同音に述べる言葉からも読み取れます。

岸防衛相は、八月十三日の午後二時前に靖国神社を参拝した後、記者団に対し、自らの参拝意図について、次のようなコメントを述べました。

「先の大戦で国のために戦って命を落とされた方々に対して、尊崇の念を表すとともに、哀悼の誠を捧げた。また、不戦の誓い、国民の命と平和な暮らしを守り抜くという決意を新たにしたところだ」

萩生田文部科学相は、八月十五日の参拝後に、参拝の理由をこう説明しました。

「先の大戦で尊い犠牲となられた先人の御霊《みたま》に謹んで哀悼の誠を捧げ、改めて恒久平和への誓いをしてきた」

高市前総務相も、やはり八月十五日に参拝した後、次のように語りました。

「国家存続のために、大切な方々を守るために国策に殉じられた方々の御霊に尊崇の念を持って感謝の誠を捧げてまいりました」

一見すると、各議員の発言内容には特におかしいところはなく、戦没軍人に対して誠実に向き合っているように見えます。

しかし、ここに大きなトリックが隠されています。

一つは「国のために戦って命を落とされた方々」「国家存続のために国策に殉じられた方々」

という言葉。もう一つは「不戦の誓い」「恒久平和への誓い」という言葉です。

戦前から戦中の大日本帝国時代に、靖国神社がどのような社会的役割を担う存在だったかという歴史的事実を知っている人なら、後者の「不戦の誓い」や「恒久平和への誓い」という言葉が、靖国神社という施設の理念や活動とはまったく相容《あいい》れない、むしろ正反対の価値観を示すものだと理解できるはずです。

海外メディアでしばしば「ウォー・シュライン（戦争神社）」と紹介される事実が示すように、靖国神社とは、戦争という国際紛争の解決手段を否定せずに肯定し、大日本帝国が国策として行った戦争の中で命を落とした軍人を「神」として顕彰する、平和主義とは対極の価値観を今も持ち続ける「政治的宗教施設」だからです。

◆戦争中の靖国神社はどのような施設だったのか

靖国神社が造られたのは、今から一五三年前の、一八六九年八月六日（明治二年六月二十九日）でした。

したがって、千数百年も前に創設（創祀《そうし》）された伊勢神宮などに比べると、それほど長い歴史や伝統を持つ施設ではありません。

創設当初の名称は、靖国神社ではなく「東京招魂社」でした。

徳川幕府を倒して薩摩《さつま》（鹿児島）と新体制を作ろうとする長州（山口）の陣営は、大義に倒れた志士の「魂を招いて慰霊顕彰する場所」が必要だと考え、まず長州の下関で一八六五年に「桜山招魂場」を建設しました。

その後、薩摩と長州が勝利して明治政府の新体制がスタートすると、江戸を支配下に置いた長州の幹部は、江戸にも（長州の）招魂社が必要だと考えて立地場所を選定。江戸城北西の九段で建設を開始し、一八六九年に完成しました。

その後、東京招魂社に祀られる戦没軍人の数が増えると、「正式な神社としての『社格（位置づけ）』と祭祀を司《つかさど》る『神官』を置く必要があるのでは」「『招魂』という呼称は一時的な『招き』に過ぎないように聞こえるが、恒久的な祭祀と顕彰にふさわしい名前に変えるべきではないか」との意見が、政府の内外で出始めます。

薩長（薩摩と長州）の出身者が主導権を握る、明治新政府の陸軍と海軍、そして警察を管轄する内務省もこの声に賛同し、東京招魂社は明治天皇の命名により一八七九年六月四日付で「靖国神社」と改名され、「別格官幣社」という神社の社格が与えられました。

当時の靖国神社の人事権は、国内の神社行政を統括する内務省が握り、管理は内務省と陸軍省・海軍省が共同で行う形態がとられました。

大日本帝国時代に別格官幣社の社格が与えられた神社は、全部で二八ありましたが、一番目は第二章で触れた楠木正成の湊川神社で、靖国神社は一〇番目でした。

このように、現在は民間の宗教法人として扱われている靖国神社ですが、大日本帝国時代には、軍と警察の管理下にある、軍事色のきわめて濃い国家施設でした。

靖国神社には、戊辰《ぼしん》戦争で没した薩摩と長州の兵士と、彼らに味方した一部の志士、大日本帝国時代の戦争（日清戦争、日露戦争、第一次世界大戦、シベリア出兵、満洲事変、日中戦争、ノモンハン事件、第二次世界大戦など）で命を落とした日本軍人の「魂」が祀られています。ただし、仏教の寺とは異なり、靖国神社は戦没軍人の霊を「神」として崇め、国家や国策に殉じた「英霊」として、恒久的に顕彰しています。

そして、いったん戦争が始まると、靖国神社は（形式上は）政府が始めて陸軍と海軍が進める戦争を全面的に肯定し、戦死者が増えてもそれを「望ましくない事態」とは考えず、むしろ「名誉ある戦死者」の増大を「望ましい事態」のように礼賛する役割を担いました。

戦争中の靖国神社が、国民に対してどのような態度をとっていたのか、それを知る実例として、主婦向けの月刊誌「主婦之友」（主婦之友社）の一九三七年十一月号に掲載された、靖国神社宮司の賀茂百樹《かもももき》による「戦死軍人は靖国神社で如何《いか》に祀られているか?」という記事から、以下に一部を引用します。同年七月に始まった日中戦争で夫や息子を失った妻や母に対して、靖国神社の宮司がかけた言葉は、次のようなものでした。

大切な良人《おっと》が、もう永劫《えいごう》に還らぬと思えば、悲しいのが道理、お察しします。が、よう考えてみてください。

あなたの御良人《ごりょうじん》は、天皇陛下の御為に、忠勇の極みを尽くされ、莞爾として最後の御奉公を務め上げられたのでありますぞ。いわば、あなたの御良人は、御自分の生命を国家の玉緒に継ぎ足して、国家の生命を天壌無窮ならしめられた。「おお、よく死んでくださいました。」と、褒めてあげられるあなたのその一言こそ、万斛《ばんこく》［はかりしれないほど多い］の涙にも増して英霊へのたむけとなるのですぞ。（略）

ああ御良人は、軍人として本懐この上ない死場所を得られた。祭神［軍神として靖国神社に祀られる戦没軍人］も、如何ばかり感泣してござることじゃろう。あなたは、この祭神の妻であられるのですぞ。死別が悲しいとて、泣いては相済まぬ。天子様［天皇］に相済まぬ。（略）

御良人の魂は、靖国神社に永遠に生きてござる。生きて祖国を、あなたを見守っておられますぞ。どうかこれを楯《たて》とも光明とも仰いで、お子の手をしっかりと握り、祭神の名を辱めないように、立派に世の中を渡って頂きたい。

(pp.92-95)

◆靖国神社がなければ人命軽視の特攻も玉砕もなかった

賀茂百樹宮司の言葉が雄弁に物語るように、靖国神社は戦争で軍人が死ぬことを「避けるべきこと」とは見なしていません。むしろ戦死が「喜ばしいこと」であるかのように、天皇への奉仕という当時の価値観を絡めて礼賛しています。

戦争で夫や息子を失って内心で悲しみに暮れる妻や母親に「泣いてはいけない、『よく死んでくださいました』と褒めてあげなさい」と言う靖国神社の宮司。現代の価値観で見れば、人の命を軽んじる異様な言葉に思えますが、昭和の大日本帝国時代には、こうした考え方は決して例外的なものではありませんでした。

そして、すでに気づかれた方もおられるかと思いますが、靖国神社の宮司が書いた「あなたの御良人は、天皇陛下の御為に、忠勇の極みを尽くされ、莞爾として最後の御奉公を務め上げられた」という文言は、第二章で紹介した楠木正成の故事とぴったり重なるものです。昭和の大日本帝国で、天皇のために命を捧げた楠木正成の「生き様」が理想化されていた事実を、この靖国神社の宮司による言葉からも読み取ることができます。

　靖国神社の本質を理解する上で、さらに重要なのは、賀茂百樹宮司が書いている「御良人の魂は、靖国神社に永遠に生きてござる。生きて祖国を、あなたを見守っておられますぞ」という認識です。戦没軍人の遺族の中には、現在もなお、亡くなった軍人の魂は「英霊」という形で靖国神社で「生きている」と信じ、参拝して手を合わせる人が少なくありません。

　たとえ自分が命を落としても、魂は靖国神社に招かれて、そこで亡き戦友や家族と再会できる、という死生観は、昭和の大日本帝国では日本軍人に広く共有されていました。

　特攻隊員の遺書で、楠木正成の故事以上に、靖国神社に関する言及が多かったのも、そうした死生観が、特攻という「自分も必ず死ぬ戦法」を受け入れる上で大きな心の拠《よ》り所《どころ》になっていた事実のあらわれでしょう。以下は、それらの抜粋（出典は『魂のさけび』）です。

「戦地の兄弟へ　征《ゆ》くぞお先に靖国神社　花の都の靖国神社　庭の木枝へで咲いて合よ」（河村俊光二等飛行兵曹）、「西風の桜花と咲ける　戦友のあと　慕いて征かん　靖国の宮」（上保茂少尉）、「兄は靖国の杜《もり》で　お前達［三人の弟］を待っている」（平島栄一等飛行兵曹）、「靖国の庭で会いましょう」（福田周幸二等飛行兵曹）

たとえ敵艦に体当たりして肉体は死んでも、精神は靖国神社に還ってそこで生き続け、また亡き戦友や家族と会えるのだ、という当時の死生観は、特攻出撃に対する恐怖を脳裏から消すための「心理的な麻酔」の効果を持っていたのかもしれません。

特攻隊戦没者慰霊顕彰会（平和祈念協会）の会報「特攻」第43号（二〇〇〇年）に収録された記事「遺書遺詠に偲ぶ特攻隊員の心情」にも、靖国神社に触れた数多くの特攻隊員の遺書や遺詠と共に、以下のような言葉が記されています。

靖国神社に祀られることは誰もが念頭にあったので、靖国神社とか九段の文字は遺詠や遺書の中の至るところに見かける。先《ま》ずは自分が戦死したら魂は靖国神社に行くのだと言っているもの、これは他人に言うのではなく、自分自身に言いきかせているのだろう。

中には、「俺が戦争で死ぬのは、愛する人達のため。戦死しても天国にいくから、靖国神社にはいないよ」と妹らに語っていた上原良司陸軍大尉（一九四五年五月十一日に特攻で戦死）のような日本軍人もいましたが、当時の日本軍では例外的な存在でした（上原良司著、中島博昭編『あゝ　祖国よ　恋人よ　きけわだつみのこえ　上原良司』信濃毎日新聞社、pp.242-243）。

このように、靖国神社という特殊な施設は、戦前戦中の日本において、軍人が死ぬという「マイナスの出来事」を、「国難に殉じた崇高な犠牲者」という「プラスの価値」へと転化し、教育勅語に基づく教育によって国民に定着した「天皇のための自己犠牲を国民の模範とする風潮」をさらにエスカレートさせる役割を果たしていました。

こうした精神が膨張すれば、日本軍人が戦争でいくら死んでも「失敗」や「悪いこと」とは見なされなくなります。当時の大日本帝国の戦争指導部は、どれほど多くの軍人を前線や後方で死なせても、靖国神社という施設が存在する限り、無制限に「免責」される。つまり指導部の道義的な責任を問われない仕組みが成立していました。

死亡した日本軍人が、靖国神社で自動的に「英霊」として顕彰されるなら、その死を招いた原因は追及されません。なぜなら、彼らの死の原因が戦争指導部の「失敗」や「不手際」ということになれば、「英霊」の名誉も傷つく、との考えが成り立つからです。

こうして、当時の戦争指導部は、靖国神社が存在する限り、自国の軍人がどれほど多く命を落としても、ほとんどその責任を問われず、幹部たちは地位を保ち続けました。

もし靖国神社と「肉体は死んでも魂は靖国神社に還って生き続けられる」という死生観が存在しなければ、おそらく特攻や玉砕のような人命軽視の戦法を組織的・継続的に行うことは不可能だったでしょう。特攻も玉砕も、靖国神社が存在したからこそ成立し得た、人命軽視を「人命軽視と感じさせない」戦法だったのです。

《「国のために死ぬこと」でしか評価されない社会システム》

◆靖国神社に参拝する閣僚は本当に戦没軍人に寄り添っているか

ドライな言い方をすれば、戦争で命を落とした日本軍人の「霊」が、本当に靖国神社で「軍神」あるいは「英霊」として存在するかどうかは、誰にもわかりません。

それを確認する方法を、誰も知らないからです。

我々が持つ選択肢は、靖国神社に「英霊」がいると信じるか、信じないかです。

戦没軍人の遺族をはじめ、亡くなった軍人の「魂」が靖国神社にいると「信じている」人は、数多く存在します。そうした人々の、亡くなった軍人への愛情や尊敬の念を込めた「靖国信仰」を否定することは、誰にもできません。亡くなった軍人の「魂」が靖国神社にいると「信じる心」を踏みにじることなく、敬意を払うべきだと思います。

ただし、そうした戦没軍人の遺族などの純粋な「靖国信仰」を、政治的に利用しようとする政治家や政治活動家が存在することに、我々は注意を払う必要があります。

靖国神社の「英霊」を、政治的に利用しようとする政治家や政治活動家は、見かけ上は戦没軍人の遺族に寄り添って、亡くなった軍人の「魂」を遺族と一緒に慰めているような態度をアピールします。

しかし、本当に彼ら彼女らが、戦没軍人の無念に思いを寄せているかは疑問です。

なぜなら、彼らは決して、多くの軍人を死なせた直接の責任を負う、当時の戦争指導者であった東條英機や小磯国昭らが、戦後の一九七八年十月十七日に「昭和殉難者」として靖国神社に合祀されて「英霊」の列に加えられた事実を、批判しないからです。

戦争中は日本兵として従軍し、戦後は歴史家として活躍した藤原彰の著書『餓死《うえじに》した英霊たち』（青木書店、二〇〇一年）で示された実証的研究によれば、アジア太平洋戦争期に命を落とした日本軍人と軍属（朝鮮や台湾の出身者を含む、正規の軍人ではない准軍人）の数は、約二三〇万人で、そのうち食糧の不足による衰弱で栄養失調や病気になって死んだ「餓死者」は、全体の約六割にあたる約一四〇万人でした。

赤道の少し南にあるニューギニア島の東部では、戦没軍人の九割を占める一一万人以上の日本軍人が、敵との戦いではなく、飢餓とそれに起因する病気で死亡しました。

つまり、靖国神社に祀られている戦没軍人の半分以上は「戦場で敵と勇敢に戦って散った」のでも、「名誉を守るために潔く自決した」のでもなく、戦争指導部の不手際によって食糧を与えられないまま戦場に放置され、無理な行軍を命じられた挙げ句、人間の尊厳を奪われた形で人生最後の瞬間を迎えた日本軍人と軍属だったのです。

言葉を換えるなら、ニューギニア東部だけで一一万人、戦争全体では一四〇万人の日本軍人を実質的に「死なせた」のは、敵ではなく、東京の戦争指導部でした。

戦場に送り込んだ兵士を「餓死」させてしまっては、彼らが「国のために戦う」ことはできなくなります。しかし、当時の戦争指導部は、兵站を著しく軽視していたため、多くの戦域で大量の餓死者を生み出していました。

また、先の戦争での日本軍人の死者を増やす原因の一つとなったのは、戦いに負けても敵の捕虜になることを許さない「戦陣訓」と呼ばれる軍の通達でした。

これは、一九四一年一月八日に当時の陸軍大臣（同年十二月の太平洋戦争開戦時には首相）だった東條英機が示達した「陸訓第一号」の訓示で、その中の「本訓その二　第八　名を惜しむ」という項目には、次のような「戒め」が記されていました。

恥を知る者は強し。常に郷党家門の面目を思い、いよいよ奮励してその期待に答えるべし。生きて虜囚の辱《はずかしめ》を受けず、死して罪禍の汚名を残すことなかれ。

陸軍のトップが公式に示達したこの「戒め」によって、日本陸軍の兵士はあらゆる戦いにおいて、どんなに絶望的な状況に陥っても、生き延びるために「捕虜」となる道を断たれてしまいました。海軍の軍人は、形式上は陸軍の訓示である「戦陣訓」の拘束を受けませんでしたが、捕虜となることを認めない点では、基本的には同じでした。

例えば、一九四一年十二月八日に行われた真珠湾攻撃で、特殊潜航艇「甲標的」に搭乗して米軍の艦艇を攻撃した海軍軍人一〇人のうち、酒巻和男少尉が意識を失って捕虜となりましたが、アメリカの報道を通じてこの事実を知った日本海軍は、戦死した残りの九人を「九軍神」として讃える一方、酒巻の存在を記録や写真から抹消しました。

もし、戦場で食糧がなくなって戦いを続けられなくなった日本兵が、敵である米軍や英軍に投降することを「戦陣訓」で禁じられていなかったとしたら、一四〇万人の餓死者の多くが生き延びて、戦後の国家再建にも参加できた可能性があります。

しかし「捕虜」となる道を上官に断たれれば、彼らは「死ぬ」しかありません。

もし、靖国神社に参拝する閣僚などの国会議員が、本当に戦没軍人の無念に寄り添っているなら、こうした「本来なら避けられたはずの死者」を生み出した責任を負う東條や小磯を「英霊」と呼ぶことや、指導部の不手際で死んだ「犠牲者」である戦没軍人と同列に扱うことに憤り、激しく抗議するはずです。けれども、靖国神社に参拝する閣僚などの国会議員は誰一人として、そんな態度をとろうとしていません。

◆軍人の死に肯定的な意味づけを行い死者を増やした靖国神社

東條英機と小磯国昭らが靖国神社に「合祀」された時、すぐには公表されず、靖国神社はその事実を隠していました。

東條らは、日本の敗戦後にアメリカやイギリス、ソ連などの戦勝国が開いた極東国際軍事裁判（通称「東京裁判」）でA級戦犯として処刑されたことから、合祀から半年後の一九七九年四月十九日にその事実を新聞が報じた時、国内では「靖国神社はA級戦犯の東條らをひそかに合祀していた」として批判を呼び起こしました。

靖国神社側が説明した大義名分の「昭和殉難者」という呼称は、東條らもまた、先の戦争の

「最中」に命を落とした軍人だという解釈に基づくものでした。

日本国内では一般に、日本の敗戦は一九四五年八月と理解されていますが、国際法上は一九五二年のサンフランシスコ講和条約（正式な名称は「日本国との平和条約」で、太平洋戦争の正式な終結を認める条約）まで「日本は戦争を続けた」ことになっているので、東京裁判で死刑となった東條らも「東京裁判の時点ではまだ終わっていなかった戦争で命を落とした日本軍人と認められる」と、靖国神社は理解しました。

靖国神社という施設にとって、東條ら戦争指導部の不手際で日本軍人の死者が増大したという事実は、特に否定的な要素ではありませんでした。

なぜなら、靖国神社自身が、先の戦争中において、結果的に「戦没軍人の数を増やす役割」を果たしていたからです。

靖国神社が戦没軍人を増やした、と言っても、直接的に日本軍人を「殺した」わけではありません。けれども、靖国神社は戦没軍人の「魂」を招いて「英霊」として顕彰し、いまだ生きて戦う日本軍人が見習うべき「鑑」のように位置づけることで、結果として「良い軍人とは、お国のため、天皇のために戦って死んで、靖国神社に祀られる軍人のことなのだ」という、軍人の死に肯定的な意味づけを行う作業を続けました。

創設された当時の靖国神社は、大日本帝国とその精神的な前身組織（薩摩や長州など）のために戦って死んだ軍人の魂を慰める施設で、「生存者よりも戦死者の方が格上である」かのような価値観は存在しませんでした。

ところが、先にも記したように、昭和の大日本帝国で「天皇のために戦って死ぬことが最大の栄誉である」という、楠木正成をモデルとする死生観が社会に広まったことで、生存者よりも戦死者の方が格上だという認識が生まれました。

その結果、靖国神社が戦没軍人を「英霊」として称揚すればするほど、まだ生きている兵士は、自分も「英霊」の仲間入りをせねばならないような「後ろめたさ」を感じる境遇に置かれることになりました。「死ぬことこそ栄誉」「捕虜は屈辱」という価値観の世界では、生き延びた軍人は、心理的な負い目を感じざるを得なくなります。

このような形で、約一四〇万人の日本軍人を餓死させた戦争指導部、とりわけ捕虜となることを許さない「戦陣訓」を陸軍大臣として下達した東條英機は、部下である日本軍人を大勢死なせた責任について、本質的な意味で問われないまま、対外戦争の戦犯として処刑されました。

軍の前線指揮官は、部下の兵士が死ねば部隊の戦闘力が低下して作戦を継続できなくなるので、可能な限り戦死者や餓死者が出ることを避けようとします。けれども、政治的な宗教施設である靖国神社は、そのような合理的な動機を持ちません。

むしろ、天皇のために戦って死ぬ日本軍人が増えることは、そのような素晴らしい心掛けを持つ「英霊」が増えたことを意味するので、否定する理由がありません。

先に紹介した、戦争中の宮司の言葉がはっきりと示している通り、靖国神社は戦争で軍人が死ぬことを「可能であれば避けるべきこと」ではなく、あたかも軍人本人とその家族にとって「喜ばしいこと」であるかのように位置づけていました。

そして、靖国神社は戦争中に同神社が行った「戦死を肯定的に捉えるような意味づけ」について、戦後も公式に反省する姿勢を示さず、むしろ現在も「あの戦争は正しい戦争だった」という大日本帝国時代の認識を保持し続けています（詳しくは後述）。

現代の日本人の多くは、靖国神社について、ただ戦争で国のために戦って命を落とした軍人の霊を慰める「慰霊施設」のように理解している様子です。しかし現実には、戦争中の靖国神社は、軍人の「死」を肯定し、結果として戦没軍人の数を増やし続ける装置のような役割を担った施設であることを、我々は理解しなくてはなりません。

それを踏まえれば、現在の日本政府で閣僚を務める国会議員が靖国神社を参拝して口にする、一見おごそかな美辞麗句に潜む危険性も、理解できるのではないでしょうか。

◆永遠に「成仏」できない「靖国の英霊」?

靖国神社とは、日本人の多くが漠然と信じているような「戦争で国のために戦って命を落とした軍人の霊を慰める、無色透明な慰霊施設」ではありません。

その事実は、仏教的な価値観で見ると、より明確に浮かび上がります。

大日本帝国時代の仏教は、明治期の「廃仏毀釈《はいぶつきしゃく》」によって実質的に神道へ取り込まれていましたが、戦後の日本では、戦没軍人の遺族が故人の遺影を仏壇に飾って線香をあげ、仏教式の作法で「故人の冥福を祈る」場合が少なくありませんでした。

仏教の寺であれば、亡くなった人の霊がいつまでも「現世」に留まるのは望ましくないと考え、「成仏（本来の意味は『悟りを開くこと』ですが、日本では『天国や極楽に生まれ変わる』ことを指す）」することを願って、お経を唱えたりします。

しかし、靖国神社はこれとはまったく異なり、そこに祀られた「英霊」は未来永劫、靖国神社に留まり続けるという考え方に従って、年中行事を行っています。

これらの事実を合わせて考えると、戦後の遺族が仏教的な信仰に基づいて、故人の安らかな「成仏」を願ったとしても、靖国神社に「英霊」として祀られた戦没軍人の「霊」は、永遠に

「成仏」できないのだろうか、という疑問が生じます。それは果たして、命を落とした軍人の霊にとって、望ましいことなのでしょうか？

仏教だけでなくキリスト教でも、亡くなった人の魂に対して「安らかに眠れ（レスト・イン・ピース）」という言葉を捧げます。逝去の知らせに接して、英語圏でよく使われる「ＲＩＰ」という三文字は、この言葉の頭文字から取ったものです。

しかし、靖国神社に祀られた「英霊」は、同神社の価値観に基づいてそこにいる限り、過去の戦争から解放されて「安らかに眠る」ことができません。

第二章で紹介した通り、楠木正成は「七回生まれ変わっても賊（天皇の敵）を滅ぼす」（七生滅賊）との誓いを立て、昭和の大日本帝国でも多くの軍人が「七生報国」を自らの使命であると理解して、死んでもまた生まれ変わって国のため、天皇のために戦うことを誓っていました。

映画「硫黄島《いおうじま》からの手紙」で渡辺謙が演じた、日本軍の硫黄島守備隊長（小笠原方面陸海軍最高指揮官）栗林忠道中将も、一九四五年三月十六日に打電した「訣別《けつべつ》の電文（事実上の遺書）」の中で「われは又　七度生れて　矛を執らむぞ」という、七生滅賊や七生報国に倣った言葉を記していました。

こうした考え方は、一見すると「立派な心掛け」であるように見えますが、実際には、戦争で命を落とした軍人に、将来生まれ変わってもなお、国や主君のために戦わねばならないかのような「義務」を負わせるものであるとも解釈できます。

先の戦争で命を落とした日本軍人の約六割にあたる約一四〇万人が「餓死」だった事実と合わせて考えれば、フィリピンやニューギニアで食べ物もなく餓死した軍人を、死んだ後もなお、国のための戦いという義務に縛り付けていることになります。

靖国神社に祀られている、約二四六万六〇〇〇柱（柱とは神を数える際の単位）の「英霊」は、このような大日本帝国時代の「国防観」や「軍人観」を保持したまま、時計の針が一九四五年八月十四日で止まったかのような状態に置かれています。

かわいそうだ、と思うのは、私だけでしょうか？

もういい加減に、国や天皇を守るために何度も生まれ変わり、戦って自分を犠牲にするという、楠木正成や大日本帝国時代の呪縛から、戦争で亡くなった軍人たちの「魂」を解放してあげるべきではないでしょうか？

このまま何もせず放置すれば、靖国神社に祀られている「英霊」たちは、半永久的に、安らかに「成仏」できないように思います。

一九四五年八月の敗戦と、一九四七年五月三日の日本国憲法施行を経て、一九五二年四月二十八日にサンフランシスコ講和条約が発効したことにより、戦後の日本国は、大日本帝国時代の「国防観」や「軍人観」とはまったく異なる新たな道への一歩、すなわち民主主義国としての歩みをスタートしました。

日本国憲法の理念を象徴する三本柱として語られるのは、平和主義、国民主権、基本的人権の尊重です。特攻や玉砕などの「大日本帝国型の精神文化」とは正反対の世界です。

戦争を生き延びた人々や、戦後に生まれた我々は、この新しい価値観の時代に生き、自由と平和と繁栄を謳歌《おうか》してきました。戦争で亡くなって靖国神社に祀られている「英霊」だけが、今もなお古い時代の「国防観」や「軍人観」に縛られて、氷の中に閉じ込められたような状態になっています。

私は、そのような「英霊」を、本当に気の毒だと思います。

《政治家が「政治家として」靖国神社を参拝する「本当の意図」は何か》

◆靖国神社参拝後に安倍元首相が述べた言葉は「真意」なのか

最近の政治家の中で、とりわけ靖国神社への参拝に熱心だったのが、安倍晋三元首相でした。二〇一二年十二月に第二次安倍政権がスタートしてから、ちょうど一年後の二〇一三年十二月二十六日、安倍晋三は現職総理大臣として靖国神社を参拝した後、記者団に対して次のような談話を述べました。

「本日、靖国神社に参拝し、国のために戦い、尊い命を犠牲にされた御英霊に対して、哀悼の誠を捧げるとともに、尊崇の念を表し、御霊安らかなれとご冥福をお祈りしました。（略）

今の日本の平和と繁栄は、今を生きる人だけで成り立っているわけではありません。愛する妻や子どもたちの幸せを祈り、育ててくれた父や母を思いながら、戦場に倒れたたくさんの方々。その尊い犠牲の上に、私たちの平和と繁栄があります。

今日は、そのことに改めて思いを致し、心からの敬意と感謝の念を持って、参拝いたしました。

日本は、二度と戦争を起こしてはならない。私は、過去への痛切な反省の上に立って、そう考えています。戦争犠牲者の方々の御霊を前に、今後とも不戦の誓いを堅持していく決意を、新たにしてまいりました。（略）

靖国参拝については、戦犯を崇拝するものだと批判する人がいますが、私が安倍政権の発足した今日この日に参拝したのは、御英霊に、政権一年の歩みと、二度と再び戦争の惨禍に人々が苦しむことの無い時代を創るとの決意を、お伝えするためです。（後略）」

靖国神社に参拝する閣僚などの国会議員は、たいていこれと同じような言葉を口にします。一つ一つの言葉を見れば非の打ち所がなく、戦争で命を落とした軍人に寄り添う姿勢を示し、謙虚な姿勢で「不戦の誓い」などの『無難な決まり文句』を繰り返します。

けれども、戦争を否定する「平和主義者」ばかりのように聞こえるこれらの言葉は、靖国神社に参拝する政治家の「真意」なのでしょうか？

この安倍晋三の靖国神社参拝からわずか一三日後の二〇一四年一月八日、自民党は同年の党運動方針案を決定しましたが、その策定の過程で、靖国神社に関する記述をめぐり、党内で意見の対立が生じていました。

当初の文案では、靖国神社については例年の党運動方針を踏襲する形で「不戦の誓いと平和国家の理念を貫くことを決意し、靖国神社の参拝を受け継ぐ」とされていました。ところが、一月七日の党総務会で「靖国神社は不戦の誓いや国家の平和を祈るところではない」「自衛隊員にもしものことがあった場合、靖国神社に祀る覚悟を示すべきだ」との意見が出されたため、総務会での了承は見送られ、当時の石破茂幹事長に一任されました。

その結果、最終的な方針では「不戦の誓いと平和国家の理念を貫くことを決意し」との文言が削除され、「日本の歴史、伝統、文化を尊重し、靖国神社への参拝を受け継ぎ、国の礎となられた方々に対する尊崇の念を高め、感謝の誠を捧げ、恒久平和への決意を新たにする」という、不戦の誓いや平和国家との関係が不明な文となりました。

つまり、自民党総裁でもある安倍晋三が靖国神社参拝後に述べた「不戦の誓い」などの言葉は、わずか二週間後には「反古《ほご》」にされたことになります。ところが、安倍晋三がこの決定に不服を述べたり批判したという報道は、まったく見当たりません。

この事実は、安倍晋三が靖国神社参拝後に述べた「不戦の誓い」などの言葉は、首相の靖国参拝を報じるメディア向けに用意された「宣伝文句」であったことを示唆しています。本来であれば、政治報道をするメディアが、こうした政権与党の「言行不一致」に着目し、靖国神社の参拝後に安倍晋三らが口にする「無難な美辞麗句」は「参拝への批判を封じるためのまやかし」ではないのか、と追及すべきでしょう。

けれども、安倍晋三の靖国神社参拝を報じる新聞やテレビは、首相の口から発せられた言葉を無批判にそのまま社会に広め、現職総理大臣が靖国神社を参拝するのはごく当たり前の「儀礼的行動」なのだというイメージを上塗りしていただけでした。

◆「国のために戦って死んだという図式」こそが称賛の対象

安倍晋三が二〇一三年十二月二十六日の靖国参拝後に語った言葉が「彼の真意ではないのではないか」と疑わせる要素は、他にもあります。

当日述べられた談話の全文を読むと、一人一人の軍人がどのようにして死んだかという「死因」について、安倍晋三は何の関心も示していないことがわかります。

もし本当に彼が「国のために戦い、尊い命を犠牲にされた御英霊に対して、哀悼の誠を捧げるとともに、尊崇の念を表し、御霊安らかなれとご冥福をお祈り」したのであれば、実際に当時の軍人がなぜ死んだのか、どのようにして死んだのかにも言及するはずです。なぜなら、戦争は地震や台風などの天災ではなく、まぎれもない人災であり、自国の軍人の大量死については、当時の大日本帝国の指導部にも責任があるからです。

靖国神社に「英霊」として祀られている「愛する妻や子どもたちの幸せを祈り、育ててくれた父や母を思いながら、戦場に倒れたたくさんの方々」の約六割は、先に述べたように、フィリピンやニューギニア、その他の戦場で食糧がないまま戦いを続けさせられて餓死した日本兵でした。こうした凄惨な事実は、安倍晋三の談話にも、自民党の運動方針にもまったく登場しません。まるで、その現実から目を背けているかのように。

ここで再び、本章の冒頭で紹介した、二〇二一年八月十三日と八月十五日にそれぞれ靖国神社を参拝した、岸信夫防衛相と高市早苗元総務相の言葉を思い出してみましょう。

「先の大戦で国のために戦って命を落とされた方々に対して、尊崇の念を表すとともに、哀悼の誠を捧げた」

「国家存続のために、大切な方々を守るために国策に殉じられた方々の御霊に尊崇の念を持って感謝の誠を捧げてまいりました」

ここで重視されているのは「国のために戦って死んだという図式」です。

当時の大日本帝国において、軍人が守る対象の「国」とは、天皇を中心とする「国体」のことでした。国体とは、国の構造や特質を言い表す言葉ですが、昭和の大日本帝国においては、天皇を中心とする「国体」こそが絶対的な価値を持つ国の中心であり、軍人も市民も、それを守るためならいかなる犠牲も厭わないという覚悟を求められていました。

つまり、「国のために戦って死んだという図式」とは「天皇のために戦って死んだという図式」を意味します。お気づきのように、これは楠木正成の精神です。

現実には、先の戦争で命を落とした日本軍人の半分以上が、敵と「戦って死んだ」のではなく、最後の戦いをする前に、戦争指導部の戦略ミスや兵站準備の不手際で「餓えて死んだ」のですが、靖国神社を参拝する首相や閣僚の口からは、餓死という言葉は絶対に出てきません。もしそれを口にすれば、彼らが称賛する「国のために戦って死んだという図式」が崩壊してしまうからです。

また、本章で触れたように、先の戦争における日本軍人は、東條英機陸相が発した「戦陣訓」に象徴される「捕虜を屈辱と見なし、絶望的な状況になれば自決を強要する思考」に行動を支配されていました。餓死ではない戦没軍人のうちの何割かは、こうした理由で「自ら命を絶つしかなかった軍人」でした。

けれども、靖国神社を参拝する首相や閣僚の口からは、自決という言葉もまったく出てきません。もしそれを口にすれば、本来なら「生きて還れた軍人」を東條英機ら当時の戦争指導部が実質的に「死なせた」ことになり、彼らが称賛する「国のために戦って死んだという図式」に傷がついてしまうからです。

これらの事実を踏まえれば、安倍晋三やその他の閣僚が称賛しているのは「国のために戦って死んだという図式」であって、一人一人の戦没軍人ではないことがわかります。

もし、一人一人の軍人の死を真摯に悼む思いがあるのなら、大勢の戦没軍人を「餓死」や「自決」などの形で死なせた当時の戦争指導部を批判する厳しい言葉を、口にしないではいられないはずだからです。

◆東條ら戦争指導者をも「英霊」として讃える日本の政治家たち

さらに、安倍晋三の二〇一三年十二月二十六日の靖国参拝後の談話には、注目すべき点があります。

「靖国参拝については、戦犯を崇拝するものだと批判する人がいます」という部分です。

すでに述べた通り、東條英機や小磯国昭らが一九七八年十月十七日に「昭和殉難者」として靖国神社に合祀されて「英霊」の列に加えられた後、国の内外で激しい批判の声が湧き起こりました。こうした問題について、靖国神社を参拝する現職の総理大臣や閣僚は、一般国民とはまったく異なる次元の説明を行う責務を負います。

現在の日本政府の指導者として、先の戦争中における大日本帝国政府の戦争指導をどのように評価するのか、という認識についての説明です。

もし、戦後の日本国憲法に基づく平和主義の観点で評価するなら、開戦時の首相として先の対米戦争を始め、その前の陸相時代に捕虜になることを禁じることで多くの日本軍人から生き延びる道を奪った東條英機の戦争指導は、現在の総理大臣や閣僚が決して認めてはならない「人命軽視の非人道的な政策」という結論になるはずです。

ところが、安倍晋三やその他の閣僚は、誰一人として、現在の日本政府の指導者として東條政権の戦争指導を批判しません。それどころか、東條らの戦争指導部と、彼らの無能や判断ミス、人命軽視の「戦陣訓」による自決などで命を落とした日本軍人を、区別がつかない形で「合祀」してしまった靖国神社の行動を批判せず、東條らの指導部も先の戦争の「犠牲者」であったかのような図式を、そのまま受け入れています。

安倍晋三やその他の閣僚は、靖国参拝を正当化するために「大切な方々を守るために国策に殉じられた方々の御霊に尊崇の念を持って感謝の誠を捧げた」などと、批判しづらい大義名分を掲げて「批判除けの盾」としています。しかし、彼らが「尊崇の念を持って感謝の誠を捧げた」先にいるのが、命令される側だった日本軍人ではなく、命令する側だった東條英機などの当時の戦争指導部の人間だとしたら、どうでしょう?

自民党の二〇一四年の運動方針案から「不戦の誓いと平和国家の理念を貫くことを決意し」という文言が削除された事実も、こうした観点から、その「真の意味」を読み取ることが可能でしょう。

削除された文言は、先の戦争中に東條英機など当時の戦争指導部のとった行動とは正反対の「決意」です。その文言を党の方針として残すことは望ましくない、と安倍晋三総裁や当時の自民党執行部が考えた可能性は否定できません。

靖国神社は、東條英機ら先の戦争における大日本帝国の戦争指導部を批判せず、東京裁判で処刑された彼らをも「英霊」や「軍神」として祀っています。

同神社の敷地には、「遊就館」という博物館がありますが、ここでは過去の日本が経験した戦争について、「大日本帝国時代の歴史認識に基づく解説」がなされています。

例えば、先の戦争は「大東亜戦争」という大日本帝国時代の呼称で呼び表され、東南アジアへの侵略や植民地支配などの負の側面には一切光を当てず、日本軍人がいかに勇敢に戦ったかという武勇伝的な解説とともに当時の遺品、兵器などを展示しています。特攻についても、批判的視点は一切なく、隊員が勇敢に出撃した様子を紹介するだけです。

そして、東條英機ら「昭和殉難者」の扱いも、戦犯として処刑されたのでなく「連合国との戦いにおける『法務死』」という形式をとり、当時の戦争指導についての批判的な言及は一切なされず、他の「英霊」や「軍神」と同様に顕彰の対象としています。

これが、靖国神社という施設の、本当の姿です。

《閣僚による靖国神社参拝の「本当の問題点」を指摘しない政治報道》

◆大日本帝国時代の戦争を今も精神的に継続している靖国神社

以上のような事実からも明白なように、靖国神社は、現在の日本で例外的に、戦後の日本国の精神文化ではなく、戦前と戦中の大日本帝国の精神文化を継承する施設です。

それはまるで、一九四五年の敗戦とそれに続く政治体制の変換を認めず、今もなお、当時の大日本帝国が繰り広げた「戦い」を、武器を使わない形で継続しているようにも見えます。靖国神社の敷地内では、まるで時間の経過が一九四五年八月で止まっているかのように、「英霊」

や「軍神」、「大東亜戦争」などの戦中の言葉が普通に使われます。

靖国神社の「遊就館」が二〇〇八年に刊行し、二〇一五年に第六刷を発行した図録の最後には、東京大学名誉教授で、安倍元首相と繋がりの深い政治運動団体「日本会議」の副会長でもある小堀桂一郎の「解題」が、四ページにわたって収録されています。

小堀はこの中で、一九四一年十二月八日の真珠湾攻撃とマレー半島および香港への軍事侵攻から、一九四五年八月の玉音放送までの戦争について、こう総括しています。


このようにして、あの三年八か月にわたる悲劇的な戦争を、日本国民は実によく戦いました。我々の父祖の世代が百年にわたって直面していたのは、米国を主導とする欧米（ロシアをも含みます）連合諸国が日本に向けてきた巨大な敵意でした。それは日本の存在がただ彼らの自己拡張欲を塞ぎ止める端的な障害であり抵抗であるがゆえに発したものであります。市民大量殺戮《さつりく》の非道な嗜虐《しぎゃく》行為を含むこの敵意の暴発に対し、我々の父祖の世代は、それに対応する激しい憎悪を以てというのではなく、どこか逃れがたい宿命に対する諦念という心境に似た覚悟を以て戦いました。

(p.139)

この説明には、過去の戦争への反省という要素はどこにも見られません。一九四一年十二月の奇襲攻撃であの戦争を始めたのは、連合軍ではなく日本軍であったという歴史的事実すら、曖昧にぼかされています。まるで、大日本帝国はそれを望んでいなかったのに、欧米のせいで仕方なく戦争せざるを得なかったかのように、責任逃れをしています。

歴史家による実証的研究ですでに裏付けられているように、先の戦争中には日本軍も、中国やシンガポール、フィリピンなどで「市民大量殺戮」を行いましたが、小堀はそのような日本軍の犯した非人道的行為については一切触れておらず、遊就館の展示にも日本軍の虐殺や略奪、強姦《ごうかん》に関するものは何もありません。

同ページの少し前の部分でも、小堀は先の戦争について、こう述べています。

この地球上に力による自己拡張をその本質とする西洋白人文明が歴史の主導権を握っていた時代に、日本が東アジア文明の代表として自らやむを得ず力を以て彼らと対決し、自存自衛の戦いに立ち上がらざるを得なかった大東亜戦争は、世界史にとっての宿命でした。この戦争の大義に殉じた英霊たちのために、この宿命はアジア諸国のみならず、対決の相手であった西洋文明諸国にも、その根本原因を理解してもらわなくてはならないのです。

これらの文言が示すように、小堀と靖国神社は先の戦争について、大日本帝国の非をまったく認めない姿勢をとっており、そこで語られる「責任は日本ではなく欧米あるいは西洋白人文明にある」という責任転嫁の論理は、戦中に東條英機らが語っていた言葉と瓜二つです。

東條は、一九四一年十二月八日に昭和天皇が行った開戦宣言（「米国及び英国に対する宣戦の詔書」）を受けて行ったラジオ演説で「事ここに至りましては、帝国は現下の時局を打開し、自存自衛を全うするため、断乎として立ち上がるのやむなきに至ったのであります」と述べていました。また、その四四日後の一九四二年一月二十一日に第七九回帝国議会（当時の国会）で行った施政方針演説でも、東條は東南アジアの諸地域を大日本帝国の「大東亜共栄圏」に組み込むことは米英両国による「きわめて苛烈なる搾取」からの解放である、という主旨の説明をしていました。

小堀と東條の言葉がぴったり一致している事実を見れば、靖国神社が戦争指導者としての東條英機を「英霊」に加えた理由がよくわかります。靖国神社は、米英両国との戦争を始めた東條英機の判断について、間違いだったとは思っていないのです。

これが、靖国神社の、先の戦争に対する歴史認識です。

このような施設を、現職の首相や閣僚などが参拝し、穏やかな美辞麗句で東條を含む「英霊」を褒め讃える行為の意味について、見た目の厳粛さに惑わされることなく、我々は冷静に考える必要があります。

遊就館の図録は、靖国神社という社名には「『国やすらかなれ』『平和な国家を建設しよう』という願いが込められている」と説明します。しかし歴史的な事実を見れば、靖国神社が大日本帝国で果たした役割は、その正反対だったと言えるでしょう。

◆戦争で「死んだ軍人」にだけ不戦を誓い「生き延びた元軍人」には誓わない理由

靖国神社の参拝後に安倍晋三らの政治家が語る言葉への違和感は、他にもあります。

彼らはいつも、靖国神社の「英霊」に対して「不戦の誓いをした」や「しっかり平和を守っていくというお誓いをいたしました」、「改めて恒久平和への誓いをしてきた」などの決まり文句を、メディアに報じてもらうことを意識しながら、記者団に語ります。

私はこのようなニュースに接するたびに、一つの疑問が頭に浮かびます。

彼らはなぜ、靖国神社でだけ「不戦の誓い」や「恒久平和の誓い」をするのか？

安倍晋三や高市早苗などの、政治アピールのように靖国神社を参拝する政治家が、国会で

「不戦の誓い」や「恒久平和の誓い」をする光景を、見たことがあるでしょうか?

もし普段から、不戦や恒久平和を政治的理念として胸に抱いているのであれば、国会や政治討論会、選挙時の街頭演説などで、そうした言葉を頻繁に口にしてもおかしくないはずです。

また、先の戦争で戦って生き延びた元軍人や、市民として先の戦争を経験して苦しみや悲しみを背負った高齢者と向き合って、戦中と戦後の苦労を労《ねぎら》いながら「不戦の誓い」や「恒久平和の誓い」をするのも、国の指導者としてなすべきことでしょう。

ところが実際には、安倍晋三らの政治家による「不戦の誓い」や「恒久平和の誓い」がニュースとして報じられるのは、靖国神社を参拝する時だけです。そして、その「誓い」の対象は、大日本帝国時代の死生観に則って「英霊」となった戦没軍人だけです。

どう考えても、それはおかしな光景です。

戦争で命をかけて戦い、多感な青年時代を国家に捧げた面では、死んだ軍人も生き延びた軍人も同じですし、軍人でない市民も大日本帝国の戦争遂行に献身奉仕しました。

にもかかわらず、安倍晋三などの議員の目には、今も存命の元軍人や、戦争を生き延びた市民の姿は入っていないかのようです。

その理由は何なのか? なぜ安倍晋三らは、戦争で「死んだ軍人」にだけ不戦を誓い、「生き延びた元軍人や市民」には誓わないのか？

考えられる答えは、生き延びた元軍人や市民は「自分の考えを発言することができるから」というものです。

もし安倍晋三らの国会議員が、生き延びた元軍人や市民と面会して、先の戦争について語り合った場合、戦争で辛酸を嘗《な》めた元軍人や市民の口から、大日本帝国が行った戦争に対する批判や、その指導者であった東條英機に対する怒り、現在の自民党政権が行っている安全保障政策に対する反対などの言葉が発せられる可能性があります。

これは、安倍晋三らにとっては大きなリスクです。

靖国神社では「不戦の誓いをした」と言いつつ、現実の政治では中国や北朝鮮の軍事的脅威を声高にアピールし、防衛費の増額や在日米軍の新基地建設を強行し、敵基地攻撃能力の保有も視野に入れているのが、二〇一二年十二月以降の自民党政権です。言葉と行動が、明らかに矛盾しており、生き延びた元軍人や市民にそこを突かれたら困ります。

しかし、靖国神社の「英霊」は、新たな発言をできないので、安心して、特定の意図を込めた美辞麗句の羅列を、記者団に向けて発することができます。

もう亡くなってしまった「英霊」は、一緒に祀られている東條英機を批判することもありませんし、先の戦争は侵略だったと認めることもありません。靖国神社の「英霊」は実質的に、先に紹介した小堀桂一郎の言葉が示す「大東亜戦争肯定論」を補強する材料として利用されているようにも見えます。

特攻という戦法の非人道性を批判する人間や、閣僚の靖国神社への参拝を批判する人間に対して「英霊への冒瀆だ」という激しい言葉で攻撃する言説を時折見かけます。

けれども、本当に戦没軍人の「魂」を冒瀆するような形で政治に利用しているのは、誰なのでしょうか。

◆靖国神社で毎年繰り返される政治家と報道記者のパターン化した芝居

本章で指摘した諸問題を踏まえて考えれば、首相や閣僚が記者団を伴って靖国神社を参拝し、そこで彼らが語る美辞麗句を記者団が無批判にニュースにして社会に広めるという現在の状況は、大きな問題をはらんでいるように思います。

実質的に、靖国神社に参拝する政治家の「共演者」となっている報道記者は、まるで芝居の台本でもあるかのように「中国と韓国の反発についてどう思うか?」と質問し、政治家も決め台詞《ぜりふ》のように「日本を守るために戦って亡くなった軍人を追悼するのは、日本人として当然のことで、外国からとやかく言われる筋合いはない」と一蹴します。

毎年、靖国神社報道で繰り返される、パターン化した光景です。

しかし、本書をここまで読まれた方は、政治家、とりわけ現職の首相や閣僚の靖国神社参拝が、中国や韓国の反発とはまったく次元の異なる、日本人の将来にとってより重要な問題をいくつも内包している事実に気づかれたでしょう。

戦争で軍人が死ぬことを「避けるべき事態」と捉えず、さまざまな形で亡くなった軍人を一律に「国を守るために戦って犠牲となった英霊」という図式に当てはめて無条件で礼賛し、その礼賛対象に東條英機ら戦争指導者を混ぜて区別できないようにし、戦争の加害という側面にまったく目を向けずに「大東亜戦争」という当時の言葉で正当化する、きわめて政治色の濃い宗教施設を、首相や閣僚が参拝することが何を意味するのか。

今の日本の報道記者の多くは、国民の目がこれらの問題点に向くことを嫌う政治家に加担するような形で、あたかも中国と韓国の反発以外には首相や閣僚の靖国神社参拝に「問題がない」かのような錯覚あるいは「虚構」を創り出す報道をしています。

これは、国民に対してきわめて不誠実な態度だと言えます。

首相や閣僚の靖国参拝に伴う問題は「中韓の反発だけ」ではないからです。

　当時の安倍首相が靖国神社に参拝した二〇一三年十二月二十六日、参拝後の記者会見である記者が、次のような質問を投げかけました。

「多くの戦犯が祀られていますが、戦争指導者の責任については？」

　これはきわめて本質を衝《つ》いた質問です。これは過去の話ではなく、今を生きる我々の暮らしや命、これから社会を担う若者や子どもの将来にも大きく関わる話だからです。

　現職の総理大臣が、東條英機ら当時の戦争指導者がとった行動や下した決断、軍人や国民に発した直接的・間接的な命令について、どのように考えているのか？　批判的な視点はそこにあるのか？　現職の総理大臣は、この問いにどう答えるか？

　ところが、安倍晋三はその質問に誠実に答えず、適当な言葉ではぐらかしました。

「あのー、それは今までも累次、国会で述べてきた通りであります。我々は過去の反省の上に立って、戦後しっかりと、人権を、基本的人権を守り、そして民主主義、そして自由な日本を作ってまいりました。そして、今やその中において、世界の平和に貢献をしているわけでございます。今後も、その歩みにはいささかも変わりがないということは、重ねて申し上げておきたいと思います」

　安倍晋三は「今までも累次、国会で述べてきた通りであります」と答えましたが、実際には

「靖国神社に祀られている戦争指導者の責任についてどう思うか」という問いに、彼が国会で誠実に答えた形跡は見当たりません。

もし彼が、東條英機ら当時の戦争指導者がとった行動や下した決断、軍人や国民に発した命令について、批判的な考えを持っているのなら、それをはっきりと説明すれば済む話です。靖国神社に参拝する際に「尊崇の念を表し、御霊安かれと願う対象」は、命令に従って命を落とした軍人であって、無能力や判断ミス、「戦陣訓」で彼らを死なせた戦争指導部はそこには含まれません、と明言することも可能なはずです。

しかし安倍晋三もその他の歴代閣僚も、現在と将来の日本国民の命や生活に関わるそのような認識について、一切触れず、聞かれても言葉を濁します。

本来なら国民の側に立って、首相や閣僚の認識を問い詰めるべき報道記者が、こうした政治家のはぐらかしをずっと許しているので、我々が民主主義国の主権者として「知る権利」を有する重要な問いは、ずっと放置されたままになっています。

現在の日本政府は、大日本帝国の戦争指導部と同じ精神文化、とりわけ「国のために死ぬことを理想とする死生観」を継承しているのか否か、という問いが。

《一九四五年八月の「敗戦」で本当に反省すべきだったこと》

◆特攻の正当化にも使われる「武士道」のイメージ

昭和の大日本帝国が行った戦争で、なぜ日本軍があれほど多くの死者を「戦闘による直接の損害以外で」出したのかを考える議論において、死ぬことに意義を見出す「武士道」の影響を挙げる論者は少なくありません。

佐賀藩士の山本常朝《つねとも》が江戸時代中期の一七一六年に著した『葉隠《はがくれ》』は、藩主に奉公する者の心構えと、佐賀藩（鍋島藩）の藩主や藩士らの業績を書き記した書物ですが、その中の「武士道というは死ぬことと見つけたり」という有名な言葉は、昭和の大日本帝国でも軍人と大衆の間で広く知られた「格言」でした。

明治期や大正期には「忘れ去られた書物」だった『葉隠』が、昭和期に突然人気を博したきっかけは、佐賀出身の空閑昇《くがのぼる》という陸軍少佐の「自決」事件でした。一九三二年（昭和七年）の第一次上海事変で敵の捕虜となった彼は、停戦成立後の三月二十八日、部下が戦死した場所を再訪し、そこでピストルを用いて自殺しました。

当時はまだ、東條英機陸相の「戦陣訓」はありませんでしたが、敵の捕虜となってから生還した空閑少佐は、陸軍士官学校の同期生などから「部隊の名誉を汚した」として自決を強く迫られていました。そして、彼の愛読書が『葉隠』であったことから、新聞などのメディアは彼の自決を「武士道に則った美談」として書き立て、『葉隠』を「武士道の精華を説いたもの」と礼賛する解説書が数多く出版されました。

やがて、『葉隠』に記された「武士道精神」は、佐賀藩主の鍋島家と藩士の関係を天皇と日本軍人や日本国民になぞらえることで楠木正成の故事とも重なり、日本軍人の心構えとして、広く定着していきました。こうした流れを見れば、特攻という体当たり攻撃の命令を当時の日本軍人が受け入れた理由も、うかがい知ることができます。

第二章でも引用しましたが、鹿児島の特攻隊基地の一つだった鹿屋にある鹿屋航空基地史料館は、二〇〇三年に特攻隊員の遺書や鹿屋基地の歴史などを説明した記念誌『魂のさけび』を刊行しました。その冒頭には次のような言葉が記されています。

大東亜戦争末期、日本国存亡の危機に際して平均二十歳の若人が、飛行機に爆弾を抱えて人間爆弾となり、敵艦船に体当たりした特別攻撃隊員の行為は敵を精神的に震え上がらせた。

その行為の根底にあるものは、わが国古来の人としての心、武士道の精神であり、現在も「カミカゼ」として各国軍人から畏敬の念をもって見られている。特攻という人命軽視の行為はともかく、その精神は後世に残すべき伝統ではないだろうか。(p.6)

この認識は明らかに、『葉隠』に記された「武士道観」をそのまま継承しており、特攻という行為の根底にある武士道精神は、後世に残すべき伝統だと述べています。

そして、同じページには「武士道は時代の変化に応じて変容してきたが、根本原理は強くあること、如何に死すべきか、如何に美しくあるべきか、そして犠牲的・献身的精神も含まれ、その精神は日常生活にも重視されてきた」との文言で、武士道と「死」や「犠牲的・献身的精神」を結びつける定義を行っています。

しかし、このような「武士道解釈」は、本当に正しいのでしょうか?

実は、先に挙げた有名な「武士道というは死ぬことと見つけたり」という言葉は、武士に忠義や献身の手段として軽々しく「死」を奨《すす》めるものではありませんでした。それに続く文言をすべて読むと、「毎朝毎夕、死を意識して、死んだつもりでいれば、恥をかかずに一生落ち度なく、家職をやり遂げられる」という、武士として長く生き続けるための「心構え」を示す説明の一部であったことがわかります。

つまり、特攻や自決、玉砕などの「死」を、ストレートに『葉隠』の「武士道」と結びつける、昭和の大日本帝国で広く信じられた解釈は、正しくありませんでした。

そもそも、藩主に仕える「武士」が、自分の名誉を守るためにむやみに「死」を選んでしまえば、藩の人的資源はすぐに底をついてしまい、藩を取り巻く状況はさらに悪くなります。先の戦争末期の日本軍がそうであったように。

◆両立し得ない二種類の「守るために死ぬ」動機

昭和の大日本帝国で、軍人が死を選んだ主な理由として、次の二つが挙げられます。

一、国を守るために死ぬ。

二、軍人としての名誉を守るために死ぬ。

言葉だけを見ると、この二つは非常に似通っています。

けれども、論理的には、この二つは相容れないものです。

戦争で軍人が守る対象の「国」は、戦争に負けた後も何らかの形で存続します。戦争に負けたからといって、日本列島が海の底に沈んで消え去るわけではありません。

その「戦後」の復興、つまり「国」の建て直しには、一人でも多くの国民の力が必要となります。もはや戦争に勝つ可能性は薄いと判明した後は、軍人が特攻などで使い捨てのようにどんどん死ぬことよりも、敗戦の屈辱をこらえながら一人でも多くの軍人が生き延びた方が、敗戦後の段階では「国にとってプラス」になります。

こうした理由により、軍人が自分の名誉を守るために自決するのも、「国」の観点からすれば、むしろマイナスの効果を生み出します。「敗戦後の国」を守るためには、軍人としての名誉が傷ついて泥まみれになっても、生き続けなくてはならないのです。

奉公の心構えとしての「武士道精神」の土台部分である「武士《さむらい》」についても、戦後の日本社会の認識は、昭和の大日本帝国時代から脱却できたとは言えません。

スポーツの日本代表チームに「サムライジャパン」と名付ける事実が示すように、武士は今の日本社会でも「かっこいい存在」と認識されているようです。しかし、現代の日本では、封建時代の武士に該当する存在はありません。

自衛隊員は、一見すると武士に近いように思えますが、日本国の主権者は国民であるとする憲法の条文に従うなら、自衛隊員の奉仕対象は「国民」であって「藩主」あるいはそれに近い存在（天皇や内閣）ではありません。

武士は、日本が近代化される前の封建的な時代に存在した「身分」ですが、戦後の日本では、天皇や皇族を別にすれば「身分」という概念がありません。そして、時代劇などでは、農民や町民の悩みごとに耳を傾け、彼らのために働いてくれる武士が描かれることもありますが、武士の本業は「藩と藩主のために働くこと」であり、年貢の取り立てなど、藩主の殿様と下々の民の利害が衝突する局面では常に、藩主の側に立ちます。

武士の持つ刀は、藩主を守るための武器であり、藩主を乗せた駕籠《かご》が道を通る際には、農民や町民を刀で威嚇するのも武士の仕事です。

日本で「武士＝サムライ」が過剰に美化される理由の一つは、日本の「武士道」と欧米の「騎士道精神」との混同であるように思います。

中世ヨーロッパの騎士階級も、フェアプレーの精神で一対一の決闘を行うような、実際よりも美化されたイメージで飾られていますが、いずれにせよ、昔なら農民や町民の階級であったであろう多くの日本人が、藩主という地方権力者に仕える武士に感情移入して、権力側の目線で当時の社会を眺めるのは、ちょっと不思議な気がします。

新渡戸《にとべ》稲造が一八九九年に英語で執筆（一九〇〇年に米国で出版）した『武士道』は、西洋の騎士道やそれに類する行動規範が東洋（日本）にも存在することを「武士道」の概念で説明する内容でした。

そこでは、礼儀作法や美学など、さまざまな観点で西洋の騎士道と日本の武士道の対比がなされていましたが、「腹切と仇討」について書いた第一二章で、新渡戸は侍が軽々しく自死を選ぶことを否定する言葉を書いていました。

「真の侍にとって、死にいそいだり、死を求めたりするのは怯懦《きょうだ》なふるまいであった」

「どんな苦難に出会っても、一心に立ち向かって耐えぬけ、ということである」

「真の名誉は天命を成就することにあり、そのために死ぬのは不名誉ではないが、天の定めを避けるために死ぬのは臆病者である！」（新渡戸稲造著、山本史郎訳『対訳　武士道』朝日新書、pp.244-248）

◆美辞麗句で「人間の尊厳」が蹂躙《じゅうりん》された時代とどう向き合うか

我々が暮らす戦後の日本社会は、表向きは「一九四五年の敗戦を境に、あの戦争を反省し、新しい価値観を持つ民主主義国として生まれ変わった」とされてきました。

しかし実際には、ここまで具体例を挙げて指摘してきた通り、社会のあちこちに「あの戦争を引き起こして拡大する原因となった、昭和の大日本帝国型の精神文化」が根強く存在していることがわかります。

これは、内外に多くの犠牲と苦しみを生み出し、生き延びた人の心身を傷つけた、あの戦争についての「敗戦」が、いまだ「完結していない」という証でもあります。

戦争当時の日本軍人にとっての「死」は、自分が背負わされた重荷からの解放でもありました。生きているうちは「お前は本当に天皇とお国のために貢献しているか？」と常に監視され、上官に行動を統制され、思考を管理されるストレスに直面します。自分や家族が「非国民」という誹りを受けないよう、気を抜けない日々が続きます。

しかし「天皇とお国のために『散華』する」という形式で死に、靖国神社に「英霊」として祀られれば、もう誰の目も気にしなくてよくなります。未来永劫、天皇とお国のために貢献した者という「功労者」の列に加わることができるからです。

このような図式から連想するのは、現代社会の「過労死」と「過労自殺」です。

所属する組織（会社や官庁など）から、その組織への貢献として、人としての暮らしを犠牲にせねばならないほどの業務を課せられる。その境遇に疑問を抱きつつも、組織への貢献という大義名分には逆らえず、真面目にその業務を遂行しようとする。

命じられる側の暮らしや心身の健康にはほとんど、あるいはまったく配慮せず、際限なく積み上げられる業務。これ以上働いたら自分の健康を損ねてしまう、という限界を超えてもなお働き続けるよう、学校教育や社会教育で叩き込まれた真面目な人たち。やがて、自覚がないまま生死の境をまたぎ、還らぬ人となってしまう。

また、過労の連続で心身が疲労困憊《こんぱい》して思考能力や判断能力が弱り、ある瞬間に「一歩踏み出せば」そこから逃れて「つらい業務から解放されて自由になれる」と考え、最悪の選択肢を自ら選んでしまう人たち。

どちらも、人の命や暮らしを大事にしない組織の犠牲者ですが、第二章と本章で紹介した先の戦争中の日本軍人と、あまりに似ていると思いませんか？

集団の利益のためなら、組織の指導部が個人を犠牲にしても許される。

戦前から戦中の大日本帝国だけでなく、戦後の日本社会でも珍しくない考え方です。企業活動でもスポーツの分野でも、こんな考え方の指導者は今も存在します。

けれども、それは本当に「集団の利益」になっているのか？

その「集団の利益」に、一人一人の構成員の命や暮らしは含まれているのか？

実際には、「集団の指導部にとっての利益」を「集団の利益」だと思い込ませ、信じさせているだけではないか？

現在の企業社会における「社会の役に立つ人材」や「生産性」とは、一体どのような尺度で評価されているのか？

それを真摯に考えるためには、まず先の戦争で軍人や一般国民に対する評価の尺度がどんなものであったのかを理解する必要があるのではないか？

先の戦争で命を落とした内外の人々に対する、戦後を生きる我々の責任は、そういった問題ときちんと向き合い、当時の大日本帝国で当然視された、人の命や暮らしを大事にしない精神文化を、社会から一つずつ消していく努力をすることではないか？

私はそんな風に思います。


それでは、一九四五年八月に悲惨な敗戦を経験した当時の日本人は、「集団の利益」を謳う大義名分のために人の命や暮らしを犠牲にした「大日本帝国型の精神文化」について、いかなる「総括」と「反省」を行ったのでしょうか？

次の章では、敗戦直後の日本の教育関係者が、戦前と戦中の大日本帝国について、どのような反省的分析と改善の提言を行っていたかをご紹介します。

その分析の内容は、あまりにも的確で、もしも戦後の日本社会がこの「反省」に基づいて自国の精神文化の変革を真摯に行い、責務として「敗戦を完結」させていたなら、戦後の日本社会の様相は、今とはだいぶ違ったものになっていたのでは、と思います。

第四章　敗戦時の日本は何をどう反省していたのか

《敗戦翌年に文部省が作成した『新教育指針』の内容》

◆戦後日本の教育方針を全国の教職員に通達する書物

本章では、ある古い刊行物に記された内容をご紹介します。

本のタイトルは『新教育指針』（図4）。

文部省（現在の文部科学省の前身）が、敗戦翌年の一九四六年五月から一九四七年二月にかけて、四分冊とその付録という形態で発行した、教職員向けの参考書です。

敗戦直後の物資不足を物語るような、あまり品質の良くない紙に印刷され、第一部前編には「新日本建設の根本問題」という副題が付けられていました。

図4　『新教育指針』表紙

これが刊行された一九四六年から一九四七年、日本は長い歴史上初めて、独立国としての主権を一時的に喪失し、第二次世界大戦の戦勝国（実質的にはアメリカ）の占領統治下にありました。戦後史の記述でよく見かける「ＧＨＱ」という三文字の名称は、この占領当局を指す言葉で、「連合国最高司令官総司令部」の英語表記の略称です（正式な略称は「ＧＨＱ／ＳＣＡＰ」で、ＧＨＱは総司令部＝General Headquarters の略）。

文部省の『新教育指針』は、戦勝国アメリカの占領統治下で、戦後日本の教育方針を全国の教職員に通達するために作ったものでした。そこに記された内容は、すべてＧＨＱの厳しい検閲を受けており、ＧＨＱの方針に反する文言は完全に排除されていました。

こう書くと、何か「日本人にとって不利益になること」を征服者のアメリカ人が日本に無理やり押し付けたかのような印象を受ける人がいるかもしれません。

けれども、かつての大日本帝国を日本国に作り替えて、一人一人の国民が自由と権利を享受できる民主主義の国にするという大局的な観点で見るなら、戦後日本の教育方針へのＧＨＱの介入には、むしろ日本の一般国民にとって望ましい面も多々ありました。

なぜなら、第二章で少し触れたように、大日本帝国時代の学校教育の内容は、一人一人の自由や人権を尊重しない、民主主義とは対極の「天皇と国家への服従と奉仕」を子どもに教え込むものだったからです。

この『新教育指針』が制作された経緯や、占領統治の主体であったＧＨＱの思惑については、後で改めて説明しますが、まずはその主な内容を見てみましょう。

これを読めば、敗戦直後の日本の文部省が、敗戦という出来事の何をどう反省し、戦後の日本で同じ失敗を繰り返さないために何が必要だと認識していたかがわかります。

そして、一九四六〜四七年に文部省が指摘した「戦前から戦中の大日本帝国における問題点と、戦後に改善すべき点」の多くが、七五年以上も経過した現代の日本社会においても、ほとんど手つかずの状態で、今も残っている事実に気づくでしょう。

それはつまり、あの「敗戦」は今なお未完の状態にある、ということでもあります。

◆「新しい日本を、民主的な、平和的な、文化国家として建て直す」

文部省『新教育指針』の第一分冊は、一九四六年五月十五日に発行されました。

その冒頭の「はしがき」は、次のような文で始まります。

本書は新しい日本の教育が、何を目当てとし、どのような点に重きを置き、それをどういう方法で実行すべきかについて、教育者の手引きとするために作ったものである。

（略）

国民の再教育によって、新しい日本を、民主的な、平和的な、文化国家として建て直すことは、日本の教育者自身が進んで果たすべき務めである。（p.1）

この文言が示す通り、文部省は戦前・戦中に自分たちが行ってきた「軍隊と対外戦争を肯定・礼賛する教育」を捨て去り、その正反対の、民主主義と平和に価値を認める文化的な国へと作り替えるという教育方針を、敗戦から一年も経《た》たない段階で示しました。

しかし、日本が戦争に負けたからといって、いきなり戦前・戦中の学校で厳しく教えてきた

「大日本帝国型の教育」を否定しても、国民は戸惑うばかりで、説得力を持つとは思えません。戦前・戦中の教育内容は、独立して存在したわけではなく、社会全体で共有されている価値観や世界観、道徳観などを色濃く反映したものだったからです。

そのため、『新教育指針』の第一分冊では、戦前・戦中の教育内容と、その背景にあった日本人の考え方に目を向けて、その何が敗戦の原因だったのかを説明します。

日本をこのような状態にさせた原因は何であろうか。またそれは誰の責任であろうか。もちろん戦争に負けたから、このような状態になったのであるが、しかし、さかのぼってこの戦争を引き起こしたこと、そのことに原因があり、したがって国民をこの戦争へと導いた指導者たちに責任があるのである。

その人たちは、本当に日本のために、また東亜のためによいことと考えて、やったのかもしれないが、その考え方に誤りがあって、こんなことになったのである。

(p.3)

文部省自身も、戦争を煽るような教育を全国の学校で行わせてきたという事情もあってか、『新教育指針』は国民を戦争へと導いた指導者をいきなり全否定せず、彼らも主観的には「日本のため」になると思ってそうしたかもしれない、と留保をつけています。

その上で、やはり当時の指導者の考え方には誤りがあったからこそ、敗戦という悲惨な結果に終わったのだという結論を記し、具体的な誤りの例として、日本の国家制度や社会の組織、日本人の物の考え方に見られる問題点を列挙しています。

◆封建的な思考に囚われていた精神文化の反省

文部省が『新教育指針』の中で指摘した問題点は、おおむね次の五点でした。

(一)日本はまだ十分に新しくなりきれず、古いものが残っている。
(二)日本国民は人間性・人格・個性を十分に尊重しない。
(三)日本国民は、批判的精神に乏しく、権威に盲従しやすい。
(四)日本国民は、合理的精神に乏しく、科学的水準が低い。
(五)日本国民は独り善がりで、大らかな態度が少ない。

最初の(一)では、戦前と戦中の日本が文明の利器を使う生活を営みつつも、古くからの封建的な思考に囚われていた事実を、反省すべき点として指摘しました。

電灯やガスを使い、ラジオを聴いていながら、姑《しゅうとめ》が嫁を不当に苦しめたり、主人が女中を道具のように取り扱ったりする家もある。工場では、機械の力によって大仕掛けの生産をしているが、そこで働いている工員たちまで機械のように使われていることが多い。

（略）

汽車や汽船や電気器具を使うことは学んでも、それらを作り出したところの科学的精神そのものは、まだ十分に発展させていない。憲法政治や議会制度の形式を取り入れても、それらの実質すなわち人の権利を尊重することや自由な意思による政治ということは、まだ十分に実現されていない。（p.4）

ここで対比させられているのは、端的に言えば「テクノロジーの発達と人権意識の未発達」であり、形式的に西洋の制度を取り入れても、「嫁」や女中、工場の工員が家庭や職場で大事にされず、一人一人の人権＝人間の諸権利（ヒューマン・ライツ）に関する認識度は江戸時代などの封建時代からさほど進歩しなかった事実を説明しています。

そして、このような中途半端な近代化しか達成できていない事実を、日本の指導者と国民がきちんと理解せず、自分たちはもうすでに西洋の列強と肩を並べたと思い込み、精神的な領域では、むしろ日本人の方が西洋人よりも優れていると信じ込む人々すら存在した事実（一九三五年に始まった「国体明徴運動」など、戦前の文部省もそれに加担していた）を挙げながら、次のように結論づけます。

こうした誤った考えを持った人々が国民の指導者となって、西洋の文化を軽んじ、その力を低く見て、戦争を引き起こし、国民もこれにあざむかれて戦い、ついに敗れたのである。そこに日本の弱点があり、国民の大きな過ちがあった。（p.4）

《現在もなお解消されない「戦前と戦中の日本国民の問題点」》

◆「日本国民は人間性・人格・個性を十分に尊重しない」との指摘

続く（二）で指摘されたのは、「日本国民は人間性・人格・個性を十分に尊重しない」という問題です。

文部省は、人間性を「人間が本来持っている性質・能力・要求」、人格を「人間の人間たる資格、値打ち〔機械や奴隷のように、自由な意思がなく、他から動かされて働くものにはないもの〕」、個性を「人間の一人一人の独特の性質」と定義した上で、敗戦までの日本国民はこれらの価値を尊重しなかったと説明します。


例えば封建時代において、将軍とそれに治められている藩主、藩主とそれに仕える家来としての武士、武士とその下にいる百姓町人、というように、上から下への関係が厳しく守られていた。そして上の者は下の者を自分に都合のよい手段として使い、下の者は自分の自由を抑えて上の者に仕えた。そこでは下の者は人間性を十分に伸ばすことができず、また人格を尊重されず、個性を認められることも少なかった。

このような封建的な関係は、近代の社会にも残っている。例えば役人と民衆、地主と小作人、資本家と勤労者との関係が、主人と召使いのように考えられ、大多数の国民は召使いと同様に人間性を抑え歪められ、人格を軽んじられ、個性を無視されることが多いのである。

(p.6)

戦後生まれの人間から見ると、この問題で文部省が挙げるべき実例は、他にあったのではないかと思われます。「人間性・人格・個性を十分に尊重しない日本の組織」として、当時の日本人が真っ先に想起したのは、大日本帝国の陸海軍だったはずです。

例えば、前線の兵士が絶体絶命の窮地に陥っても、銃を捨てて降伏することを許さず、全滅するまで戦わせるという「玉砕」の思想や、爆弾や爆薬を積んだ飛行機や小型ボートで敵の軍艦に体当たりさせるという「特攻」の思想は、その最も冷酷な事例でした。昭和の大日本帝国では、兵士も国民も、どれだけ国のために役立つか、天皇を守るために役立つかという基準だけで価値が評価される、国家が所有する道具のような存在でした。

また、文部省は、このような図式が教師と生徒の間にも存在したと指摘します。

教育においても、教師と生徒との間に封建的な関係があると、教師は自分の思うままに一定の型にはめて生徒を教育しようとし、そこに生徒の人間性が歪められる。また教師が自分の名誉や利益のために生徒を手段として取り扱うことにより、生徒の人格を傷つけることが多い。さらに生徒の個性を無視して画一的な教育を行うので、生徒の一人一人の力

が十分に伸ばされないのである。（p.6）

そして文部省は、このような人間性や人格、個性の軽視や無視という「日本の大きな弱点」を、「軍国主義者」や「極端な国家主義者」に利用されたことが、戦争の発生原因であり、敗戦の原因でもあると結論づけます（「軍国主義者」や「極端な国家主義者」という言葉の意味については、後ほど説明します）。

◆「批判的精神に乏しく、権威に盲従しやすい」という特質

項目（三）では、「批判的精神に乏しく、権威に盲従しやすい」という日本国民の特質に光を当てています。

上の者が下の者を愛してよく指導し、下の者が上の者を尊敬してよく奉仕することは、日本国民の長所であり、忠義や孝行の美徳はここに成り立つ。しかしこれは自由な意思に基づき、自ら進んでなされるのでなければならない。
上の者が権威をもって服従を強制し、下の者が批判の力を欠いて、わけもわからずに従

うならば、それは封建的悪徳となる。事実上、日本国民は長い間の封建制度に災いされて「長いものには巻かれよ」という屈従的態度に慣らされてきた。いわゆる「官尊民卑」の風がゆきわたり、役人はえらいもの、民衆は愚かなものと考えられるようになった。

(pp.6-7)

第二章でも少し触れましたが、批判的精神に基づく思考（批判的思考＝クリティカル・シンキング）は、民主主義国では社会の健全さを保つ上で不可欠の思考と見なされ、学校でもその価値を肯定的に教えています。しかし、大日本帝国では逆に、上位者に対する批判的精神は「反逆」や「不忠」と見なされ、価値を否定されてきました。

権威による服従の強制と、批判的思考の欠落による自発的隷従、「長いものには巻かれよ」という言葉に象徴される屈従的態度、そして役人（公務員）を一般市民より身分が上であるように見なす風潮（官尊民卑）により、日本国民は政治を批判する力を失い、「お上」の命令には文句なしに従うようになったのだと、文部省は指摘します。

そして、そんな構図が教育の現場にも色濃く存在したことを問題視します。

教育においても、教師が教えるところに生徒が無批判的に従うのではなく、生徒が自ら考え、自ら判断し、自由な意思をもって、自ら真実と信ずる道を進むようにしつけることが大切である。このようにして初めて、後に述べる「民主主義の徹底」も「公民教育の振興」もできるのである。（p.7）

教師の言うことに生徒が無批判に従うのではなく、生徒が自ら考えて判断し、自由な意思で、正しいと思う道に進むようにする教育が肝要だという指摘は、現代の目で見ても、きわめて進歩的な考え方だと言えます。

項目（四）の「日本国民は、合理的精神に乏しく、科学的水準が低い」という問題においても、改善すべき点を以下のように指摘します。

批判的精神に欠け、権威に盲従しやすい国民にあっては、物事を道理に合わせて考える力、すなわち合理的精神が乏しく、したがって科学的な働きが弱い。
日本人のうちには、少数の優れた科学者もあるが、国民一般としては科学の程度がまだ低い。例えば、これまでの国史の教科書には、神が国土や山川草木を生んだとか、おろちの尾から剣が出たとか、神風が吹いて敵軍を滅ぼしたとかの神話や伝説が、あたかも歴史的事実であるかのように記されていたのに、生徒はそれを疑うことなく、その真相やその意味を極めようともしなかった。（p.7）

この問題に関連して、文部省は、戦中の日本人が、竹槍で敵の近代兵器に立ち向かおうとしたり、門の柱に爆弾除けの護《まも》り札《ふだ》を貼ったり、「神風」による「最後の勝利」を信じたりしたのも、こうした「合理的・科学的思考の欠落」にあったと指摘します。

そして、社会における「民主主義の徹底」や「平和的文化国家の建設」は、合理的精神を伸ばすことによって初めて成し遂げられるのだと結論づけます。

◆自国優越思想とそれが生み出す独善的な精神文化

項目（五）については、「日本国民は独り善がりで、大らかな態度が少ない」という、一見漠然とした説明がなされていますが、内容的にはすでに述べた問題の延長でした。

封建的な心持ちを捨て切れぬ人は、自分より上の人に対しては、無批判的に盲従しながら、下の者に対しては、独り善がりの、威張った態度でのぞむのが常である。そして、独り善がりの人は、自分と違った意見や信仰を受け入れるところの、大らかな態度を持たない。日本国民のこのような弱点は、最近特に著しくなった。

（略）

こうした独り善がりの態度は、やがて日本国民全体としての不当な優越感ともなった。天皇を現人神として他の国々の元首よりもすぐれたものと信じ、日本民族は神の生んだ特別な民族と考え、日本の国土は神の生んだものであるから、決して滅びないと、誇ったのがこの国民的優越感である。そして遂には「八紘一宇《はっこういちう》」という美しい言葉のもとに、日本の支配を他の諸国民の上にも及ぼそうとしたのである。（p.8）

ここで指摘されている不寛容と、相手によって態度を変える不誠実さは、大日本帝国の陸海軍の軍人による部下への暴力を生んだ原因でもありました。

また、市民レベルにおいても、戦争中は「隣組」と呼ばれる互助組織が、時には相互監視組織となり、特定の市民による「不心得」や「決まりごとの違反」を取り締まったり、その「罪状」を警察や憲兵に密告するような事例が数多く発生していました。

文部省は、こうした傲慢な思考の背景として、日本人は他の民族よりも優れているのだという自国優越思想（国民的優越感）が存在したと指摘します。

戦前の一九三五年から、敗戦を迎える一九四五年までの一〇年間、日本社会を支配した価値観の体系は、天皇を戴《いただ》く日本の「国体」は世界に比類がないほど優れており、したがってその一員である日本人も、世界の他の民族と比べられない独自の優越性を持つという「国体思想」でした。

第三章の一四八ページで少し触れましたが、当時の大日本帝国で使われた「国体」とは、国のかたちや国柄、国家秩序の特徴などを指す言葉で、それを根幹として形成された「国体思想」は、日本の国体は世界一優れているという夜郎自大な思想でした。

そんな思想に耽溺《たんでき》した結果、国と国民がどうなったかを、文部省は指摘します。

およそ民族として自信を抱き、国民として祖国を愛するのは、自然の人情であって、少しもとがめるべきことではない。しかし、そのために他の民族を軽んじたり、他の国民を自分に従わせようとするのは、正しいことではない。

日本国民は、こうした態度のために、かえって世界の同情を失い、国際的にひとりぼっちになった。これが戦争の原因でもあり、敗戦の原因でもあったのである。
　これからの教育においては、個人としても国民としても、独り善がりの心持ちを捨て、他の人々や他国の国民を尊敬し、自分と立場のちがう者の意見や信仰をも大らかに取り入れる態度を養うことが必要である。（p.8）

いかがでしょう。敗戦直後の文部省が、この『新教育指針』で「反省すべき点」として指摘した、戦前と戦中の大日本帝国時代における問題点の数々は、現在の日本において、解消されたと言えるでしょうか？

むしろ、「これ、今の日本でも同じだよね」と感じられる点が多かったのでは？

戦後のある時期までは、これらの問題点を解消する方向での努力が、各所でなされてきたのだと思います。けれども、元号が昭和から平成、令和に変わり、西暦が二十世紀から二十一世紀へと切り替わる中で、そうした努力はいつしか忘れ去られ、日本は一九四六〜四七年に文部省が指摘した「戦前から戦中の大日本帝国における問題点」が亡霊のように甦《よみがえ》った社会へと、確実に回帰しているように見えます。

《文部省の「新教育指針」が作られた背景》

◆大日本帝国時代の「国体の護持」を警戒したGHQ

この文部省の『新教育指針』は、どのような経緯で作られたのでしょうか？

戦後の日本では、一九四五年八月十五日が「終戦記念日」と呼ばれていますが、日本と韓国、台湾（共に敗戦時は大日本帝国の植民地）など一部の国を除き、戦後の国際社会では、大日本帝国が降伏した日は、一九四五年九月二日と見なされています。

八月十五日は、昭和天皇がポツダム宣言の受諾（八月十四日）を国民にラジオで告知した日に過ぎず、大日本帝国政府の代表者が連合国の代表者と米戦艦ミズーリの艦上で面会して無条件降伏の文書に署名したのは、九月二日だったからです。

文部省は、降伏文書の調印から約二週間後の九月十五日、GHQによる教育行政への介入に先立つ形で「新日本建設の教育方針」という表題の文書を発表しました。これは、戦後教育の基本的な方向づけを行うものでしたが、その内容は「国体の護持」を基本とし、軍国的思想および施策を払拭して、平和国家を建設する、という主旨でした。

こうした方針に基づき、十月十五日と十六日の両日、文部省は教員養成学校の校長らを東京に招いて講習を行った後、国民学校長と青年学校長を対象とする講習会も各都道府県ごとに開催して、新たな教育方針の普及に努めました。

文部省は、この東京と地方の講習を通じて、各学校と教師の自発的な創意工夫を促し、大日本帝国時代の画一的な教育方法を打破して、生徒の自由を尊重する教育システムに変革しようと目論んでいました。それによって、大日本帝国時代の理想像とは異なる、科学的教養と道義心、品格ある個性を備えた生徒を育成できると考えていたのです。

しかし、戦後の日本を「真の民主主義国」として再建する任務を付与されたGHQのスタッフから見れば、戦後の教育方針の柱を「国体の護持」という大日本帝国時代の枠組みに依存している時点で、日本側が本気で「精神面での変革」を行う意思があるとは思えませんでした。

GHQは、天皇を中心とする「国体」を重んじる大日本帝国の政治思想こそが、アメリカと諸外国を巻き込む戦争を引き起こした主な原因だと認識していたからです。

その結果、GHQはまず、十月二十二日に「日本教育制度の管理」という教育制度改革の指令を日本政府に対して発します。この指令は、（1）教育内容、（2）教育関係者、（3）教科目・教材の三つの項目で構成されていました。

最初の「教育内容」では、「軍国主義および極端な国家主義的思想の普及を禁止し、軍事教育の学科および教練を廃止すること」と「議会政治、国際平和、個人の尊厳、集会・言論・信教の自由など、基本的人権の思想と合致する考え方を生徒に教え、その実践を確立するよう奨励すること」が指示されていました。

◆「臣民」から「公民」へと変化した国民の地位

戦後の日本では、あの戦争を引き起こした元凶は「軍国主義」であり、戦後はそれを社会から一掃したことで、日本は平和国家として歩んできたという認識が一般的です。

しかし、この「軍国主義」という言葉は、敗戦後に日本側が独自に使い出したものではなく、GHQが大日本帝国の問題点として指摘した「ミリタリズム（Militarism）」の訳語でした。「極端な国家主義」も同様で、大日本帝国時代の日本を評してGHQが使用した「ウルトラナショナリズム（Ultranationalism）」の訳語です。

GHQが、敗戦後の日本に対して突きつけた制度変更の多くは、この二つの要素を社会から排除することを意図したものでした。それゆえ、「日本教育制度の管理」の二つ目の項目である「教育関係者」についても、「職業軍人、軍国主義者、極端な国家主義者、および占領政策に積極的に反対する者は罷免すること」を命じ、戦前と戦中に「自由主義や反軍国主義的な思想と活動のために教員を解職された者」については、その資格を復活させ、優先的に教育現場に復職させることが指示されました。

三番目の「教科目・教材」の項目では、「軍国主義」と「極端な国家主義」に該当する部分を削除するという条件で、現在の教科目と教科書、教師用参考書、教材を一時的に使用することを認めていました。敗戦直後の日本で、教科書の一部を「墨塗り」で黒く塗りつぶす作業が行われたのは、この指令に基づく応急措置でした。

そして、暫定的に使用を許可した「墨塗り教科書」の代わりとなる、「平和的で責任を重んじる公民（シチズン）」の育成を目指す教科目や教科書、教師用参考書、教材をすみやかに用意するよう、日本政府およびその教育行政を司る文部省に要求しました。

この「公民」という概念は、大日本帝国時代に国民を呼び表す言葉として使われていた「臣民（サブジェクト）」とは対極に位置するものでした。

帝国や王国など、絶対的な権威（国王、皇帝、天皇など）が支配する権威主義国の「臣民」は、絶対的な君主（大日本帝国の場合は天皇）に仕える立場で、自由や権利は当たり前のこととして統治者によって制限され、いざとなれば君主を守るために身や命を捧げることも当然視されていました。

それに対し、「公民」とは民主主義国における主役であり、一人一人の自由や権利は尊重され、いざとなれば「政府が守らなくてはならない存在」でした。

そして、「臣民」は国の統治者が定めた社会の秩序に忠実に服従することが義務とされていましたが、民主主義国の「公民」は、自分たちで話し合って社会の構造を決めたり変更したりすることができ、その健全さを維持する責任も一人一人が負うという仕組みでした。

最初に紹介した『新教育指針』の原型は、これらのGHQによる指令に従う形で、一九四五年秋から企画がスタートし、文部省内で内容の検討が進められました。

当時の文部大臣だった前田多門は、戦後の日本が民主主義国に転換すること自体には反対していなかったものの、それは天皇を国の中心と位置づける「国体」を護持する形でも可能だと考えており、GHQの指令に従う形で「アメリカ型の民主主義」をそのまま導入することには不満を抱いていたと言われています。

しかし、敗戦国となった日本政府が、GHQの指令を拒絶することは不可能でした。

それゆえ、国体の護持を謳った一九四五年九月十五日の「新日本建設の教育方針」は事実上放棄され、それに代わる戦後教育の指針として、ＧＨＱの承認を得ながら『新教育指針』が作成されました。

その第一分冊が刊行された一九四六年五月十五日は、「新日本建設の教育方針」の発表から、ちょうど八か月後のことでした。

◆現場の教師に一定の裁量権を与える「教育指針」

実際、『新教育指針』の冒頭の「はしがき」には、この辺りの事情（内容に関するＧＨＱの介入）を示唆する言葉がさりげなく記されています。

> 本書は、はじめ省外の権威者数氏をわずらわして草案を得たのであるが、マッカーサー司令部と相談の結果、その内容および表現を、できるだけ、やさしくわかりやすいものとするために、省内で書き改め、本省の責任において出すことにした。（p.1）

マッカーサー司令部とは、言うまでもなくＧＨＱのことで、本省は文部省のことです。「省外の権威者数氏」の名前は記されていませんが、戦後の研究により、教育学者の海後宗臣《かいごときおみ》らが加わっていたことが確認されています。

そして、現代の目から見て意外に思うのは、文部省が『新教育指針』の内容を「全国の学校教師に等しく服従させる規則」のようなものではなく、むしろ個々の教師がそれぞれの学校で「民主主義教育」を実践する上での「教育指針の叩き台」的な位置づけとし、それを「はしがき」の部分に明記していた事実です。


本省は、ここに盛られている内容を、教育者に押し付けようとするものではない。したがって、教育者はこれを教科書として覚え込む必要もなく、また生徒に教科書として教える必要もない。むしろ教育者がこれを手がかりとして、自由に考え、批判しつつ、自ら新教育の目当てを見出し、重点をとらえ、方法を工夫されることを期待する。あるいは本書を共同研究の材料とし、自由に論議して、一層適切な教育指針を作られるならば、それは何よりも望ましいことである。

教育者自身のこうした自主的な、協力的な態度こそ、民主教育を建設する土台となるのである。本書が各章に対していくつかの研究協議題目をかかげたのも、教育者が自ら考えることを、たすけるためである。(p.1)

このような、現場の教師に一定の裁量権を与えるという「教育指針」は、その構図自体が、個々の人間の考えを尊重するという民主主義の理念に合致するものでした。

戦前から戦中に至る大日本帝国の教育は、これとは正反対でした。天皇を崇高な権威者として秩序（国体）の頂点に冠し、すべての「臣民」は天皇と国体のために生き、必要とあらばそれを守るために生活や命を捧げるのが当然の務めであるという「教育指針」が、文部省から全国の学校と教師に発せられていました。

そこでは、個々の教師が指針の内容に疑問を呈することは許されず、ただ忠実に従うことしかできませんでした。

そのような「教育指針」の頂点に位置づけられていたのが、第二章でも言及した「教育勅語」でした。そこに記された「天皇の教え」に、教師や生徒は一切の疑問を差し挟んではならず、独自の解釈をすることも許されませんでした。

《生徒の人格と個性の尊重、女子教育を重視した『新教育指針』》

◆人を人として扱うことを当然の姿と考える教育

現代の視点で『新教育指針』を読むと、他にも興味深い点がいくつも見つかります。

特に、人間性・人格・個性の尊重（第一分冊の第三章）や女子教育の向上（第三分冊の第三章）について記した章は、第一分冊の刊行から七六年後の今を生きる日本人も、改めて読むに価する内容を備えているように思います。

「人間性・人格・個性の尊重」という章では、人間性とはどういうものか、それを尊重するとはどういう意味かについて、以下のように説明しています。

> 人間性を尊重することは、何か他の目的の手段として必要なのではなく、それ自身が目的であり、第一に努めねばならぬことである。
>
> そのためには、何よりもまず人間の生命を大切にしなくてはならない。生命を粗末にし

たのでは、人間性は伸ばされないどころか、なくなってしまう。（p.23）

次に、人格とはどういうものであるか、なぜ人格を平等に尊重しなければならないかについては、こう述べます。

封建的な社会では、分業と協同とはあっても、人間として平等の権利が認められず、下の者が上の者に動かされて、いやいやながら何かをさせられたところに、その欠点があった。軍国主義や極端な国家主義の国家においては、指導者が国民の人格を十分に尊重せず、機械や奴隷のようにこれを働かせようとするので、そこでは自由と責任とを持った心からの協力が行われないのである。

また、このような国家の指導者が、独り善がりで大らかな態度を欠くのも、国民の人格を平等に認めず、自分に反対する人々をも人格として尊敬する心がないからである。

（略）

国家のためといって個々の人格を無視する時に、かえって国家は滅亡の危機に陥り、人格を尊重してその完全な働きを保障するところに国家は栄えてゆくことを、我々は日本の敗戦によって痛切に知ることができた。

教育においては、生徒を人格として育てなければならない。

（略）

子供ながらにも、できるだけ自ら考え、自ら判断して行動し、自ら責任を負ってその役目を果たし、しかも他の人々と協同してやってゆくように教えしつけて、一歩一歩人格を完成するように育ててゆくのが、教育の仕事である。（p.25）

この、個々の国民を「機械や奴隷のように」扱わず、一人一人の人間としての個別の人格を認めるという考え方は、先に述べた、教師や生徒が自分の頭で考え、是非を判断することを認める考え方とも通底するものです。

上位者への盲目的な服従が、結果として「国家を滅亡の危機に陥れる」という指摘は、敗戦直後の日本人には、強い説得力を持っていたことでしょう。

◆個人主義を利己主義と混同する論理的詐術への批判

個性とは何を意味するか、個性の完成と社会の秩序とはどのような関係にあるかを説明した箇所も、重要な指摘を数多く含む内容です。

人格の平等ということは、すべての人間が同じだという意味ではない。むしろ人間は一人一人違っており、全く同じ人間というものは決してない。だからこそ各人は他の人と取り替えることのできない値打ちを持っているのである。

このように人間が各々その人自身の性質を持っていることに目をつけて、その性質を個性と呼ぶ。言い換えれば、すべての人間は人間性を持っているが、その人間性の表れ方が、人によって違うところに個性が成り立つのである。

（略）

国家も国民の各々が個性を表すことによって、豊かな文化を持つことができる。軍国主義のように、国民をすべて戦争に役立つ人間にしようとするならば、学者や芸術家の個性は抑えられたり歪められたりして、その国家は真の学問もなく、芸術もない貧弱な低級な国家となるであろう。

極端な国家主義もまた、国民の個性を無視して、すべての人々に政府が統制した思想や感情を持たせようとする。そこでは国民各自が自由な考え方を失い、自分の特色に合わぬ仕事を強いられる。こうして国民生活は貧しく、味のないものとなり、国家の本当の力が弱くなるのである。

（p.26）

二一世紀の日本には、軍国主義も極端な国家主義も、形式的には「ない」ことになっています。ところが、ここで指摘されている、軍国主義や極端な国家主義の「国民の個性を無視する」という特徴は、日本社会のあちこちに、今も残っているように見えます。

そして、戦前と戦中の大日本帝国において、個性の尊重という考え方がどんな風に歪められ、その価値を貶《おとし》められたかについても、的確な分析がなされています。

教育においても、軍事教練や集団勤労や各種の団体的訓練が行われて、学徒の個性はほとんど顧みられず、みんなが同じ型にはめられ、同じ歩調をとらされ、同じ仕事や動作をさせられた。それによって学徒の力は十分に伸ばされず、かえって国力も貧弱になったことは、敗戦の事実が証明している。

これからの教育は、各人の個性を完成することを第一の目標としなければならない。それは、正しい意味での個人主義である。

軍国主義者や極端な国家主義者は、個人主義を利己主義と混同して、全体主義の立場から個人主義を非難し、個性を抑え歪めたのであるが、そのような全体主義こそ、かえって指導者の利己主義や国家の利己主義にほかならなかった。

個性の完成が社会の秩序を乱し、全体の団結を崩すように考えるのは、個性の完成ということの本当の意味を知らないからである。個性を完成するというのは、ひとりぼっちのわがまま勝手な人間をつくることではない。かえって個性とは社会の一員としての人間が、その地位において、その役割を果たすために必要な性質を意味する。

だから個性を完成することは、当然その人が社会におけるその人の役割を完全に果たすことになるのである。

(pp.26-27)

◆女性差別と女性の劣等感を解消する必要性

第三分冊の第三章は「女子教育の向上」と題され、「今日の日本において、我々の強い関心を要求する問題はきわめて多い。中でも女子教育の向上と改善とは、最も大切な、しかも差し迫った問題である」との認識に基づいて、なぜ女子教育を向上させなければならないかという理由を説明しています。

これまで日本の婦人は、外で働く男子のために、内にこもって家を守り、この点で男子に劣らぬ重い務めを果たしてきた。しかし今後の婦人は、ただ家を守るだけでなく、社会においても男子と協力して活動しなければならない。

この点については、これまで日本の婦人の多くは低い教育しか与えられておらず、一人前の個人として社会に立つようには仕向けられていない。しかるに、いま日本が目指す民主主義の社会は、完全な個人を土台とし、男女の差別なく国民の一人一人の自覚と責任との上に、初めて成り立つものである。

だから新しい民主的日本をつくるためには、国民の半数を占める女子の教育を革新し、向上させることが、きわめて大切なことである。

(pp.73-74)

ここで述べられているのは、現代の言葉で言う「ジェンダー平等」の考え方です。

戦後七五年以上を経て、日本国内の女子教育は、大日本帝国時代と比べると大きく改善されたと言えますが、それでも大学入試における採点上の差別が一部の大学で発覚するなど、さまざまな性差別が社会のあちこちに根強く存在しているのが実情です。

敗戦翌年に、こうした問題がすでに「反省点」として指摘されていた事実を、我々は重く受け止める必要がありそうです。

また、この章では「女子の劣等感をなくすこと」の必要性についても、次のように記述されていました。

日本においては、これまでは性の区別は明らかに階級の差別であった。少女がいささかでも優れた天分のひらめきを見せれば、どうして男に生まれなかったかと残念がられ、女子自身は女子として生まれたことに宿命的なあきらめを持つ者さえあった。

それほど女子の劣等感は抜きがたいものとなっていた。もし女が進んで自分の意見を述べたり、一人前の権利を要求したりすれば、「女のくせに」といって非難された。男子と女子と共学する学級で、女子が男子よりもよい成績を得れば、生意気だといって男子が攻撃するのである。

学童の知能の発達は、十三、四歳までは女子の方が早く、したがって学業成績も優れている場合が多い。それを女は譲るべきものとして抑え、女のくせにといって悪口を言われたりするために、希望を失い、劣等感を植えつけられて、伸びるべき才能をも、伸ばし得ないのである。だから男女共学の学校においては、知らず知らずの間に行われている男女の不当な差別的取り扱いに注意しなければならない。

(p.78)

どうでしょう。最近のメディアで議論の的となった、いくつかの女性蔑視の出来事ともそっくりな話が「(これまでの)日本においては」と過去形で語られていることに、おそらく女性の読者は特に、複雑な気持ちを抱かれたのではないかと思います。

敗戦翌年に文部省が「戦前と戦中の大日本帝国時代にあった女性差別」として指摘した特徴が、なぜ七五年以上経った今もなお、日本の社会に存在しているのでしょうか。

《「GHQの意向」イコール「日本にとって害」なのか》

◆民主主義の観点と「GHQの意向」の共通項

ここまで読み進められて、皆さんの頭に、ある疑問が浮かんだかもしれません。

「文部省がこの本で書いていることは、GHQに書かされたものではないのか?」と。

戦後の日本には、ＧＨＱの占領統治下で行われた新憲法の制定や教育改革などの制度変更について、「戦勝国のＧＨＱが敗戦国の日本に一方的に押し付けたもの」という言い回しで、あたかも「日本人全体にとって不利な条件を強制的に呑まされた」かのように語る論者が、根強く存在してきました。

そのような論者は、問題を「日本対アメリカ」や「日本対ＧＨＱ」という二項対立の図式へと、乱暴に単純化します。そして、占領統治下でＧＨＱが日本に「押し付けた」ものはすべて「アメリカに有利で日本にとって不利な」内容であったと断定した上で、日本人ならそのような状況での「押し付け」を拒絶して、アメリカではなく「日本」の側に立つべきだ、という認識へと、人々を誘導しようとします。

一見すると「愛国的」に思える、そのような説明は、正しいのでしょうか？

その答えは、自分がどんな社会で生きたいのかによって異なります。

もしあなたが、敗戦前の大日本帝国のような社会、つまり国民の自由や人権よりも「国家の秩序」が優先され、上の者に下の者が絶対服従する権威主義が横行し、女性が男性より低い地位に置かれ、自分が「よその国よりも優れた強い国家である日本」の一員であることに安心感や優越感を得たいなら、答えは「イエス」です。

一方、もしあなたが、敗戦前の大日本帝国とは正反対の社会、つまり国民の自由や人権が「国家の秩序」よりも優先され、社会的な性差別の図式が解消され、戦争という手段で対外問題を解決する考え方が否定され、国民が国家のために犠牲を強いられることのない民主主義国で暮らしたいと思うなら、答えは「ノー」になります。

このように、戦後の日本では「戦後も引き続き大日本帝国型の国でありたいと願う人」と「戦後は大日本帝国型の精神文化から脱却して、民主主義国になりたいと願う人」の二種類の国民が存在しており、それは現在の日本でも同じです。この重要な違いを意識しないまま、特定の考え方が「正しい」か否か、「愛国的」か否かを議論しても、論理的に噛《か》み合わず、不毛な言い争いに終始することがほとんどです。

この「議論のもつれ」を解きほぐすには、まず「当時のGHQは日本の占領統治で何をやろうとしたのか」を理解する必要があります。

GHQとは、前記したように「連合国最高司令官総司令部」のことですが、完全に独立した決定権を持つ組織ではなく、実質的にはアメリカ政府に属する行政機構の一つでしかありませんでした。

当時のアメリカ政府における旧敵国の占領政策を司る最高政策決定機関は、「国務・陸・海軍三省調整委員会」（ＳＷＮＣＣ）と呼ばれる組織で、日本の占領統治についても、全体的な政策方針は、アメリカの首都ワシントンＤ.Ｃ.に本拠を置くこの組織が策定していました。そこで決定された政策は、まずアメリカ国務省の占領地区担当国務次官補に伝えられ、国務次官補から軍の統合参謀本部に伝達されたのち、東京のＧＨＱに命令として下されました。

したがって、マッカーサーやＧＨＱが独断的に、日本の占領統治に関するあらゆる決定を下していたかのようなイメージは、歴史的事実に立脚したものではありません。

ＳＷＮＣＣは、戦後の日本が再び、攻撃的な軍事大国となってアメリカに戦争を仕掛けることのないよう、「軍国主義的な精神形成」を教育制度から排除することを、占領政策の重要な柱と位置づけていました。そして、戦前と戦中の大日本帝国における教育から、軍国主義的な要素を取り除いた後、それに代わる価値観や世界観として「民主主義（デモクラシー）」を導入し、子どもだけでなく大人も含めた全国民に対して、民主主義の精神文化で「再教育」する方針がとられました。

しかし、戦後も引き続き大日本帝国時代の価値観や世界観を継承したいと思う一部の日本人にとって、このアメリカ政府の占領政策は、我慢ならないものでした。

それゆえ、ＳＷＮＣＣの方針に基づいてＧＨＱが「軍国主義」から「民主主義」への価値観の大転換を行ったことを、「日本の伝統の破壊」や「アメリカ文化の押し付け」と曲解して、あたかも日本人全体にとって不利益となる「占領軍の横暴」であるかのようなイメージを創り出しました。

実際には、日本の文部省がGHQの検閲や統制を受けながら戦後の日本で定めた「民主主義国となるための新たな教育指針」は、一般の日本人にとって不利益なものではなく、大日本帝国とは正反対の民主主義国で暮らしたいと思う多くの国民にとっては、むしろ結果的にはプラスの効果をもたらした面が少なくありませんでした。

もちろん、SWNCCやその政策の実行組織であるGHQと、一般の日本人では、当時の利害が必ずしも一致していたわけではなかったことも事実です。また、当時の占領政策が、戦後の日本政府と行政機構が過度にアメリカ政府に対して従属的になるなどの弊害を生む一因となった事実も、無視できない問題ではあります。

SWNCCやGHQは、あくまでアメリカの利益を最大化することを目標として日本の占領統治を行ったのであり、それに関わった一人一人のアメリカ人スタッフの個人的な思いがどうであったにせよ、組織全体としては、決して日本人への「善意」で諸々《もろもろ》の占領政策を遂行したわけではありません。

ただ、これらの事実を踏まえても、大日本帝国時代の価値観や世界観よりも民主主義の方が良いと思うタイプの日本人にとっては、敗戦直後の日本において、文部省がＧＨＱの監督下で推進しようとした民主主義教育の基本方針は、多くの面でプラスの作用をもたらすものになるはずでした。

これは、戦後の日本社会の基本的な価値観を規定した「日本国憲法」（一九四六年十一月三日公布、一九四七年五月三日施行）の制定過程についても同じです。

日本の一部には、今でも「あの憲法はＧＨＱの押し付けだ」などの理由で、日本国憲法は「日本人にとって害のあるものだ」という主張をする人がいます。

けれども、そんな一見もっともらしい言葉を鵜呑みにする前に、一人一人がまず立ち止まって考えるべきことは「自分はどんな社会で生きたいのか」「大日本帝国のような国がいいのか、それとも民主主義が成熟した国がいいのか」ということです。

日本国憲法は、その条文のあちこちに、日本が再び大日本帝国のような非民主的な権威主義国に逆戻りできないようにする「仕掛け」が施された憲法です（この辺りの具体的な内容については、拙著『日本会議』〔集英社新書〕および『〔増補版〕戦前回帰』〔朝日文庫〕で詳しく検証しました）。

それゆえ、日本を再び大日本帝国のような「強い力を持つ権威主義国」に戻したいと望む人たちの目には「（大日本帝国的な価値観で言うところの）日本の伝統を破壊し、大事な精神的支柱を日本人から奪い取ったGHQの策略」であるかのように映ります。

けれども、もしあなたが、大日本帝国のような非民主的な権威主義国ではなく、民主主義が成熟した国で暮らしたいと望むなら、その制定過程と内容が当時のアメリカ政府の意向に従うものであったとしても、日本国憲法は結果的に「自分にとってプラスの価値を持つもの」ということになるはずです。

つまり、制定過程にGHQが関与したかどうかよりも、現実にその憲法がどのような形で「権力の暴走から国民を守る力」を持つかに目を向けることが重要です。

◆「軍国主義」と「極端な国家主義」とは何か

話を『新教育指針』に戻します。

第一分冊の第二章は、「軍国主義及び極端な国家主義の除去」と題され、これらの何が問題だったのかという認識が、具体的に示されていました。

文部省はまず、軍国主義とは「国家が戦争を予想して軍備に最も多くの力を注ぎ、それを中心として国内の体制を整え、他国に対しても戦争という手段によって自国の主張を貫こうとすること」（p.10）と定義し、「軍国主義の国家においては、文化が戦争を目的として統制され、言論・思想が圧迫される」（p.11）という特徴を指摘します。

戦争に直接役立たない文化は軽んじられ抑えられ、もしくは戦争に役立つ形に歪められる。まして戦争に反対したり、軍国主義を批判したりする思想や言論は圧迫され、これを唱える人々は職を追われ、または捕らえられる。

この場合に、上に立つ人々に封建的な心持ちが残っていて、民衆の人間性・人格・個性を尊重せぬ風があり、民衆に批判的精神が乏しく、わけもわからずに従う態度があると、軍国主義はその弱点を利用して、ますます統制や圧迫を行うのである。（p.12）

ここで注目すべきは、軍国主義という現象が政府などの統治者による一方的な「押し付け」だけで完成するものではなく、民衆の側に「批判的精神が乏しく、わけもわからずに従う態度がある」ことによって、統制や圧迫がさらに強められるという構図です。

こうした記述は、戦後の日本における教育では批判的精神や「上位者への盲目的な服従を拒絶できる思考」に価値を置くべきである、という認識が、敗戦直後の文部省には存在したことを示していると言えます。

また、極端な国家主義については、その定義を「自分の国を愛することが行き過ぎて、国家のためという名目のもとに、国民の一人一人の幸福を犠牲にし、また他の国々の立場をも無視する態度」（p.12）とした上で、「極端な国家主義は、国家を何よりも大切なものと考え、他のすべてを国家のために犠牲にするところの『国家至上主義』である」（p.13）との言葉で、戦前と戦中における国家と国民の関係に歪みがあったことを指摘します。

祖国を愛することは人間の自然の情であり、祖国のために力を尽くすことは一つの高い道徳である。しかしながら、国家のために人間があるのではなくて、人間のためにこそ国家があるのである。極端な国家主義は、このことを忘れて、国民の人間性・人格・個性を尊重しない。（p.13）

そして、極端な国家主義が支配する国では、「国家のため」を大義名分として、さまざまな形で国民の自由や権利の圧迫が行われるという事例を、戦中の日本を例に挙げながら指摘しています。以下に引用する記述も、敗戦直後の文部省が、戦中の大日本帝国について、民主主義の観点から批判的に分析していた事実を示しています。

また国家のためと言って、国民の人格を無視し、自由な意思や批判的精神を抑えて、指導者に盲従せしめようとする。さらに、私を滅して公のために尽くせと言って、国民の個性を顧みず、すべてのものに画一的な型を押し付けようとする。

要するに、極端な国家主義は、個人よりも国家全体を重んじ、個人の自由や権利を犠牲にして全体のために奉仕することを要求する。この点から、かような国家は「全体主義国家」とも呼ばれる。

支那事変〔日中戦争、一九三七〜四五年〕以来の日本において、「新体制」とか、「国民精神総動員」とか、「大政翼賛」とかの名目のもとに、いかに人間性の円満な発達が抑え歪められ、人格の自由が無視され、個性が圧迫されたかを、我々はよく知っている。

学徒勤労の例を見ても、学徒の向学心や芸術的情操などはほとんど伸ばされず、自由な思考や判断は許されずして、各人の個性に合わない仕事を一様に課せられる場合が多かったのである。

(p.13)

◆どうすれば「軍国主義」と「極端な国家主義」を除去できるか

これらの説明に続いて、文部省は「日本の社会は、古代から近代まで一貫して、つねに縦の関係、すなわち上の者と下の者、主人と従者、貴族と民衆というような関係に組み立てられていた」(pp.14-15)ことを挙げ、それらが軍国主義と極端な国家主義が日本で発生する「温床」になったと指摘します。

> 武士が高い地位を占めて政治をも司ったこと、民衆がその下にあって権利も自由も人格も個性も十分には尊重されなかったこと、さらに武士の間でも民衆の間でも、上の者が権威をもって支配し、下の者がおのれを抑えて盲従したことなどは、いわゆる封建的な特色であって、軍国主義及び極端な国家主義が利用しやすい社会組織と国民性とがそこに作られたのである。(p.15)

そして、「軍国主義及び極端な国家主義を取り除くにはどうしたらよいか」という問題については、次のような「態度」を国民がとることの重要性を説きます。

何事につけても上からの命令にわけもわからず従うことなく、自ら考え自ら判断して、最も正しいと信ずることを行うというような、自主的態度を養わねばならない。

また、各人が本当の力を伸ばし、自分の特色を生かして、立派な人間となること、すなわち、個性を完成することが、同時に国家のためにも世界人類のためにもなるということを、よく理解させねばならない。（p.21）

いかがでしょうか。ここに紹介したのは、『新教育指針』の主要な論点だけですが、敗戦翌年の時点で文部省が列挙した「戦前と戦中の大日本帝国の問題点」、とりわけ戦争を引き起こすに至った重要な問題点について、現代の視点で見ても十分通用するほど的確に分析・認識していたことがわかります。

そして、第一分冊の最後には、教師に向けた「研究協議題目」として、次のような論点が提示されていました。

・日本の敗戦の原因を、思想的・社会的・政治的・経済的ならびに教育的見地から、さらに立ち入って研究しよう。

・日本の国民性の短所が、これまでの教育において、どんな姿で表れていたかを反省し、話し合おう。

・日本の国民性の中には、どんな長所があるかを研究し、それを教育において、いかに実現すべきかを協議しよう。

・極端な国家主義と正しい愛国心とは、どのような点で区別されるかを論議しよう。

・利己主義と個人主義との区別を明らかにしよう。

・生徒がどんな場合に人格を無視されたと感じるかを調べてみよう。そして、生徒の人格を尊重する立場から、現在の学校教育において改善すべき点を研究し、協議しよう。

（p.28）

おそらく、多くの読者はこれらの「研究協議題目」について、現在の日本にもそのまま適用できることに気づかれるでしょう。

それはすなわち、『新教育指針』の第一分冊が発行された一九四六年から現在まで、実に七五年以上が経過しても、日本の教育は、そして日本の社会は、一九四五年の「敗戦」をいまだ

「完結」できていないという重い事実の証でもあります。

敗戦直後の文部省は、これだけ的確に問題点を分析できていたのに、日本社会はなぜ今もなお、戦前と戦中の大日本帝国と同じ問題を、内包したままなのでしょうか。

次章では、その問いへの答えに迫りたいと思います。

第五章　日本が「本物の民主主義国」となるために必要なこと

《「敗戦時の反省」はなぜ忘れ去られたのか》

◆一九四八年に文部省が作った中高生向けの教科書『民主主義』

戦前と戦中、すなわち昭和の大日本帝国時代の日本社会が内包した、さまざまな問題点を、的確に浮かび上がらせた『新教育指針』ですが、当時の文部省は一九四六年から一九四七年にかけてこの四分冊を刊行したのち、一九四八年十月にはより具体的な形で「民主主義の本質」を子どもに教えるための教科書を全国の学校に配布しました。

それが、中学・高校生向けの教科書『民主主義』です（図5）。

この教科書は、法学者の尾高朝雄が中心となって編集された上下二巻の構成で、戦後の日本国民が、戦前戦中の「国体」に代わる国の基本的な枠組みとして、どのように「民主主義」を実践すべきかについて、平易な文章で説いていました。

例えば、第一章「民主主義の本質」では、民主主義を単に「政治形態」として形式的に捉えるのではなく、まずは根本精神を理解することから始めるのが重要であるとして、以下のように説いています（以下、引用は一九五〇年一月の第三版より）。

> 政治の面からだけ見ていたのでは、民主主義を本当に理解することはできない。政治上の制度としての民主主義ももとより大切であるが、それよりももっと大切なのは、民主主義の精神をつかむことである。なぜならば、民主主義の根本は、精神的な態度にほかならないからである。
>
> それでは、民主主義の根本精神は何であろうか。それは、つまり、人間の尊重ということにほかならない。

図5　『民主主義』表紙

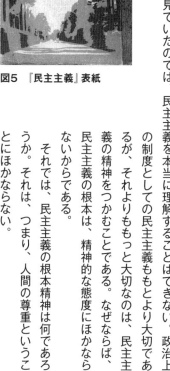

人間が人間として自分自身を尊重し、互いに他人を尊重しあうということは、政治上の問題や議員の候補者について賛成や反対の投票をするよりも、はるかに大切な民主主義の心構えである。

そう言うと、人間が自分自身を尊重するのは当たり前だ、と答える者があるかもしれない。しかし、これまでの日本では、どれだけ多くの人々が自分自身を卑しめ、ただ権力に屈従して暮らすことに甘んじてきたことであろうか、正しいと信ずることをも主張しえず、「無理が通れば道理が引っ込む」と言い、「長いものには巻かれろ」と言って、泣き寝入りを続けてきたことであろうか。

それは、自分自身を尊重しないというよりも、むしろ、自分自身を奴隷にしてはばからない態度である。人類を大きな不幸に陥れる専制主義や独裁主義は、こういう民衆の態度をよいことにして、その上にのさばり返るのである。だから、民主主義を体得するためにまず学ばなければならないのは、各人が自分自身の人格を尊重し、自らが正しいと考えるところの信念に忠実であるという精神なのである。

（上巻、pp.2-3）

つまり、一人一人の国民が、思考や価値判断を自分の所属する「集団」に委ねず、個人として主張や判断、行動を行うことこそが「民主主義」であると説明しています。

そして、人々が社会の変化や政治家の動向に無頓着であれば、容易に専制主義や独裁主義の罠《わな》に落ちてしまうこと、それを防ぐためには政治家のウソやまやかしを指摘したり、政策の善《よ》し悪《あ》しを自由闊達《かったつ》に議論できる「言論の自由」がきわめて重要であること、一人一人の国民が上下ではなく対等・平等な関係で社会を構成する「個人主義」の健全な発達こそが、専制主義や独裁主義の台頭を阻止できることなどを、丁寧に説明します。


民主主義は、すべての人間を個人として平等に尊重し、他人の自由を侵さない限りにおいての各人の自由を保障する。しかし、独裁主義者に言わせると、各個人がそれぞれその自由を主張し、勝手に自分たちの利益を求めることを許すと、社会全体の統一が乱れ、国家や民族の利益がないがしろにされる。

彼らによると、重んじられるべきものは、個人ではなくて、国家全体であり、民族全体である。個人は全体の部分であり、全体の部分としての価値しか持たない。

独裁主義は、そのように論じて、個人主義や自由主義を攻撃し、その代わりに、「全体主義」を主張する。独裁者の命令のままに、各人は自己の利益も、あるいは自己の生命をさえも、喜んで全体のために投げ出さなければならないと要求するのは、このような全体主義の結論にほかならない。（上巻、p.210）

これらの文部省『民主主義』で示された内容を読んで、現在の日本社会にも通じる話だと感じられた方も多いのではないかと思います。

そして、自分が中学生や高校生だった時、学校でこんな内容を教わった記憶がない、と訝《いぶか》しく思われたのではないでしょうか？

敗戦直後には、一人一人の人間の価値を軽んじた大日本帝国時代の精神文化を的確に批判し、それへの対処法も教師向けの教育指針や中高生向けの教科書で提示していた、日本の文部省。しかし残念ながら、こうした教育は始まってすぐに、ある「大きな力」によって止められ、戦後日本の健全な民主主義国としての成長は阻害されてしまいます。

その「大きな力」とは、地球規模で発生した「東西冷戦」の構図でした。

◆東西冷戦の形成と朝鮮戦争の勃発

第二次世界大戦のヨーロッパ戦域での戦いは、一九四五年五月のドイツ降伏で終了していましたが、この頃にはすでに、西側からドイツに進撃したアメリカ・イギリス・フランスの三国と、東側からドイツの首都ベルリンになだれ込んだソ連（ソヴィエト社会主義共和国連邦）の間で、新たな緊張関係が生じていました。

その理由は、米英仏三国とソ連の政治体制の違いにありました。

米英仏の各国は、社会的には民主主義（自由主義）、経済的には資本主義でしたが、ソ連は社会的には独裁者スターリンが絶対的な権力を握る全体主義で、経済的には「資本主義こそが人々の暮らしに害をもたらす根源」との考え方に基づく共産主義（社会主義）の政策をとっていました。

この東西両陣営の中でも、特にアメリカとソ連は第二次大戦の期間中に強大な軍事力を保有し、のちに「超大国（スーパーパワー）」と称されることになります。そして、米ソの緊張が高まると、大国以外の周辺国も一部を除いて東西どちらかの陣営に属する道を選び、世界は「西側」と「東側」の国々があちこちで対立する事態となります。

これが「東西冷戦」の始まりでした。

「冷戦（コールド・ウォー）」とは、米ソ両陣営が全面衝突する第三次世界大戦のような新たな戦争（ホット・ウォー）との対比で生まれた言葉で、大きな戦争に発展しない緊張状態を意味していましたが、実際には東南アジアやアフリカ、中南米などで、東側と西側それぞれに属する国による「代理戦争」が発生していました。

日本を取り巻く東アジアでも、大日本帝国が降伏した後、その植民地だった朝鮮半島に米ソ両軍が北緯三八度線を挟んで進駐し、東西冷戦の緊張が高まっていました。

一九四八年一月六日、米陸軍長官ケネス・ロイヤルは、占領統治下にある日本の経済復興と自立を促進してアメリカの対日援助という経済的負担を軽減するのと同時に、日本を「極東の工場」に仕立てて、アジアにおける「反共（反共産主義）」の防波堤にするという主旨の演説を行いました。

彼は、その実現のためには、戦前の日本で成功した実業界の指導者が必要だと述べ、公職追放処分（後述）の対象となった日本の著名な財界人を、経済界の一線に復帰させることを示唆しました。

この頃から、日本を占領統治下に置く戦勝国アメリカの政府と軍の上層部において、戦後の日本を民主主義国として成長させることや、大日本帝国時代の精神文化を社会から除去することよりも、新たな「敵」として目の前に出てきた「共産主義勢力」との戦いに日本を巻き込んで味方に付けることを優先する考えが、次第に強まりました。

同じ頃、朝鮮半島では米ソの対立により南北の分断状態が悪化し、統一国家としての独立という住民の願いを無視する形で、南部の大韓民国（韓国、一九四八年八月十五日に建国）と北部の朝鮮民主主義人民共和国（北朝鮮、同年九月九日建国）の二つの独立国となり、それぞれアメリカとソ連の勢力圏に組み込まれました。

そして、一九五〇年六月二十五日、ソ連の指導者スターリンと中国共産党政権の指導者毛沢東の了承下で、大量のソ連製兵器を装備した北朝鮮軍が北緯三八度線を越えて韓国領内への軍事侵攻を開始し、朝鮮戦争が勃発しました。

日本では、この朝鮮戦争について、日本の経済に利益をもたらした「朝鮮特需」と関連づけて語られることが少なくありませんが、実は一般の日本人にとってより大きな社会的変化が、この前後に発生していました。

一九四五年の敗戦により、日本社会の中枢部から排除されていた「大日本帝国時代の政財界と軍部の有力者」が、再び表舞台へと返り咲き、それとともに戦後の日本における「民主主義の歩み」に急ブレーキがかけられてしまったのです。

◆日本国内で進行した「レッドパージ」と「逆コース」

GHQの総司令官マッカーサーは、占領統治の初期段階において、日本の戦争遂行体制で中心的な役割を担った政府指導者や陸海軍の幹部、企業家などを各分野の重要な地位から外すという「公職追放」を開始していました。

これは、一九四五年十一月一日に米政府から通達された「基本的指令」（正式な文書名は「日本占領および管理のための連合国最高司令官に対する降伏後における初期の基本的指令」）に基づく政策で、具体的には、戦前から戦中にかけての時期に軍・政界・官界・財界の有力者だった人物と「好戦的国家主義者」、「侵略の積極的な推進者」、「日本の愛国的秘密結社などの会員」らが、公職から追放される対象と定められました。

また、陸海軍の最高指導部の構成員や、憲兵隊の将校全員、陸海軍将校内の「好戦的国家主義者」や「侵略の積極的な推進者」全員、および「超国家主義的結社や愛国的秘密結社の枢要な会員」全員などを、すみやかに逮捕し、拘留することが指示されました。

そして、一九四六年一月四日、GHQは「公職追放令」（正式な文書名は「好ましからざる人物の公職からの罷免と除去」）を発令し、二年後の一九四八年五月までに二一万人近い人物が、公職追放の対象となりました。その中には、敗戦直後の首相である東久邇宮稔彦《ひがしくにのみやなるひこ》や、一九四六年四月十日の第二二回衆議院議員総選挙で次期首相にほぼ内定していた日本自由党の総裁・鳩山一郎の名も記されていました。

この公職追放令により、次期首相候補の鳩山一郎が国会議員の資格を失ったことから、GHQ占領統治下の東久邇内閣とそれに続く幣原《しではら》内閣で外相を務めた貴族院議員の吉田茂が、五月二十二日付で首相に就任しました。

吉田は一般に「親英米派」とされますが、両国の民主主義的な価値観に共感していたわけではなく、戦前には強国である英米両国との利害衝突を避けながら、大日本帝国の中国権益拡大に尽力していました。彼はまた、強硬な「反共（反共産党）主義者」でもあり、敗戦後にGHQが定めた方針（後述）により、刑務所へ収監されていた日本共産党の指導者が解放されたことを苦々しく感じていました。

占領統治の初期、マッカーサーはそうすることが「日本の民主化に寄与する」と考え、日本共産党員の刑務所からの解放と社会的地位の回復に力を入れていました。

一九四五年九月二十二日にGHQが発表した米政府文書「降伏後における米国の初期の対日方針」には、「政治的理由により、日本国当局によって不法に監禁されている者は、釈放される」との文言が記され、十月二十二日までに解放された政治囚（時の権力者にとって脅威と見なされて、政治的な罪状で収監された者）の数は、徳田球一と志賀義雄ら日本共産党の幹部一六人を含め、二四六五人に達しました。

ＧＨＱやアメリカ国務省のスタッフは、日本共産党の党員が「軍国主義の旧体制と戦った」という事実を重視し、彼らを戦後日本の民主的な政治形態の一翼に加えることで、日本が再び旧体制へと回帰することを阻止しようと考えたのでした。

ところが、東西冷戦の激化と、日本国内での共産党主導による労働運動の拡大に伴い、アメリカ政府とＧＨＱが「反共」を優先する方向へと舵《かじ》を切ったことで、こうした「戦後処理と国内体制の作り直し」の流れも一挙に反転しました。もともと共産党を敵視していた吉田茂首相も、アメリカ政府とＧＨＱの変節を好都合だと考えて協力しました。

その結果、一九四九年六月一日に発足した国鉄——日本国有鉄道（現在のＪＲ各社）をはじめとする有力企業で、組合活動を弱体化させる意図による人員整理（いわゆるレッドパージ）が始まり、共産党員とその賛同者（シンパ）と見なされた者を排除する波は、各地の大学や大手メディア八社（朝日新聞、毎日新聞、読売新聞、日本経済新聞、東京新聞、共同通信社、時事通信社、日本放送協会［ＮＨＫ］）を含む国内メディアにも波及しました。

そして、朝鮮戦争が始まると、マッカーサーの日本共産党への弾圧はさらに強まり、一九五〇年六月二十六日の吉田宛書簡で日本共産党機関紙「アカハタ」の三〇日間の発行停止を命じ、同年七月十八日付の吉田宛書簡では「アカハタ」とその後継紙、同類紙の無期限発行停止指令を下しました。

その一方で、GHQは公職追放していた「大日本帝国時代の有力者」の復権を許し、一九五〇年十月十三日には「公職追放令」で地位を失った人員二一万人のうち、約一万人の追放解除を承認しました。

一九五二年四月二十八日のサンフランシスコ講和条約発効までに、追放された「戦前派」の約九割が復権しており、残りの追放者も条約発効による関連諸法令の廃止で、公職追放が解除されました（いわゆる逆コース）。

こうして、戦後の日本を「民主主義国として成長させること」よりも「東アジアにおける反共の防波堤にすること」を優先順位の上位に置くようになったアメリカ政府と、戦後の日本で再び「大日本帝国型の精神文化」を甦らせたいと願う一部の日本人の利益は一致し、日本国内では「反共＝共産党への敵視」と「天皇礼賛」を同時に主張する「親米右翼」という政治勢力が、アメリカ政府の黙認下で生まれました。

そして、戦前と戦中の精神文化で育った政治家や財界人の中にも、親米右翼の主張に賛同する人間が現れ、彼らは「保守派」という人畜無害に見える衣を身にまとい、戦後の日本社会で「大日本帝国型の精神文化」が廃れないよう、影響力を行使しました。

《「大日本帝国」の擁護者がなぜ「保守派」と呼ばれるのか》

◆明治期の大日本帝国政府が再定義した「日本の歴史と伝統」

現在の日本、つまり「戦後の日本国」では、靖国神社という政治的な宗教施設を特別な場所として崇めたり、特攻隊を含む日本軍を美化したり、あの戦争は侵略ではなくアジア解放の戦争だったという「歴史認識」に同調する人が「保守派」と呼ばれます。

報道メディアも、あまり深く考えず、むしろ面倒に巻き込まれることを避けるための予防措置であるかのように、そうした人々を「保守」というカテゴリーに分類します。

例えば、「読売新聞」は二〇二〇年八月十五日、「自民党の保守系議員ら、相次いで靖国神社を参拝」という見出しの記事を配信し、本文でも「自民党の保守系議員らが15日、東京・九段北の靖国神社を相次いで参拝した。『伝統と創造の会』は会長を務める稲田朋美幹事長代行ら議員12人、高鳥修一筆頭副幹事長らのグループ『保守団結の会』は17人で参拝した」と、靖国神社への参拝を重視する国会議員を「保守系」と表現しました。

けれども、民主主義という観点から見ると、そのような態度はとても危険です。

政治スタンスとしての「保守」には、いろいろな解釈があり得ますが、一般的な認識として共有されているのは、自分の国や社会を「本来あるべき状態」に留め、自国が昔から「伝統」として持つ美点や長所を将来も維持継承していこうという考え方です。

その対語としてよく使われる言葉が「革新」です。

では、日本という国が「本来あるべき状態」とはどんな状態でしょうか？

明治維新で日本が「大日本帝国」という体制に変わった時、徳川幕府を倒して新政権を作った薩摩や長州の志士たちは、幕府を支持する側から見れば、保守ではなく「革新」勢力でした。

しかし彼らは、自分たちこそが日本の「本来あるべき状態」を継承する「保守」の立場だと人々に信じさせ、新たな政治体制を人々に抵抗なく受け入れさせるために、過去の日本の歴史と伝統を「再定義」しました。

ちなみに、時の権力集団が自国の歴史や伝統を「再定義」することは、古今東西で珍しいことではありませんでした。七世紀末から八世紀初めに編纂《へんさん》された『日本書紀』も、現在までの実証的研究により「権力の座についた氏族たちが自分たちの権力の根拠と正統性を神話と歴史から述べた政治の書物であり、過去を支配することを目的とした書物」（吉田一彦『『日本書紀』の呪縛』集英社新書、p.225）、つまり客観的な歴史的事実を記した、現代の価値観で言う「歴史書」ではなかったことが明らかになっています。

明治政府が再定義した「日本の歴史と伝統」とは、例えば「日本人は古来ずっと天皇との関係を意識して暮らしてきた」という天皇観や、その天皇のために我が身を捧げることは日本国民にとって当然の務めだという伝統観でした。

そのような形で「日本の伝統」を再定義した明治政府は、それまでは政治から距離を置いていた天皇を国の政治の中心に据えて、人々が天皇を特別な存在として崇めるように教育制度を変革し、先に紹介した「教育勅語」などを通じて、絶対的な天皇崇拝と、天皇を愛することが愛国だという価値観を国民に植えつけていきました。

実際には、幕末の水戸学やその思想的影響を受けた尊皇攘夷《じょうい》の志士などを除き、朝廷以外の日本人のほとんどは、大日本帝国が始まるまでは、天皇とは縁もゆかりもない暮らしを営んでいました。彼らが日々、上位者として従ったのは、自分が住む藩の殿様であり、今のような

「メディア」がなかった時代には、天皇という存在がいることすら知らずに生きて死んでいく人が大半でした。

そんな、大日本帝国時代に再定義された「日本の歴史と伝統」は、実質的には、当時の明治政府が統治権を行使するためにこしらえた思想的な道具であり、一見すると学問的に見えますが、歴史や文化の実証的な研究に基づいたものではありませんでした。

そして、昭和の大日本帝国は、一九三五年の「国体明徴声明」を機に、大日本帝国下で人々に信じられてきた「日本の歴史と伝統」をさらに再定義し、天皇の神格化と、それに従う日本人の優越性を強調する「極端な愛国思想」を創り出しました（これらの内容と経緯については、拙著『「天皇機関説」事件』［集英社新書］と『［増補版］戦前回帰』で詳しく解説しています）。

その「極端な愛国思想」の行き着いた先が、特攻という非人道的な戦法であったことはすでに述べましたが、大日本帝国は、自国が世界中のどの国よりも優れているという「自国優越思想」で戦争を始め、内外に多くの犠牲者を出し、日本各地で国土の荒廃を引き起こした上、最後には日本の歴史上初めて国の主権を外国に奪われ、数年間にわたって外国政府の統治下に置かれるという、史上最悪の事態を引き起こしました。

そんな時代の「極端な愛国思想」を今も継承し、自国優越思想などの大日本帝国時代の価値観で物事を考える人が、果たして本物の「保守」でしょうか？

日本のメディアは、彼らを安易に「保守」と呼んで当座の摩擦やトラブルを回避するのと引き換えに、昭和の大日本帝国時代の「極端な愛国思想」が戦後も生き続けることに加担してこなかったでしょうか？

一八六八年の王政復古に始まり、一九四五年の敗戦によって事実上終焉《しゅうえん》を迎えた大日本帝国時代はわずか七七年間で、一〇〇〇年以上も続く日本の長い歴史の中で考えれば「瞬く間」でしかありません。

ところが、大日本帝国時代に政治的な動機で再定義された、日本の歴史と伝統に関する「イメージ」が、あまりにも深く人々の思考に刻み込まれた結果、戦争に完敗して社会の価値観の大転換がなされた後も、それを本物の「日本の歴史と伝統」と信じる人、あるいは「信じたいと思う人」が、日本の社会に少なからず存在しています。

今の日本で「保守」と称される人々の多くは、そのような人たちです。

◆「あいちトリエンナーレ事件」が可視化した「大日本帝国の末裔《まつえい》」

二一世紀に入ってもなお、大日本帝国時代に再定義された「日本の歴史と伝統」の内容をそのまま信じ、「大日本帝国の名誉を守ることが、日本人として果たすべき自分の使命だ」と信じている人、いわゆる「保守派」は、大日本帝国や当時の日本軍の名誉を傷つけるような発言や表現が日本でなされると、激しい勢いで感情的に反発します。

それを可視化したのが、二〇一九年八月に愛知県で開催された国際芸術祭「あいちトリエンナーレ2019」の展示物をめぐって、何人もの政治家が関与する形で繰り広げられた、大規模な「抗議行動」でした。

この芸術祭は、内外の現代美術作家による作品をいくつかの場所で展示する、三年ごとのイベントでしたが、その中に「表現の不自由展・その後」という企画展があり、過去に美術館で展示を拒否された作品などが展示されていました。そして、展示作品の一つに、韓国の彫刻家キム・ソギョンとキム・ウンソン夫妻の制作した、「平和の少女像」という少女が椅子に座っている像があったことから、いわゆる「保守派」はこの像が「先の戦争中における慰安婦をモチーフとしたものだ」として猛烈に批判しました。

実際には、この「平和の少女像」の制作意図は「日本を貶めるもの」ではなく、韓国軍も加害者であった戦時性暴力への批判など、普遍的な平和の希求でした。

開催地の一つである名古屋市の河村たかし市長は、八月二日に「平和の少女像」を展示場所で確認した後に行った記者会見で、「どう考えても日本人の、国民の心を踏みにじるもの」だと断定的に述べ、「平和の少女像」の展示を即刻中止するよう、愛知県の大村秀章知事に申し入れると発表しました。

同じ日、時事通信は「少女像展示は『プロパガンダ』＝自民有志」という見出しで、この作品に対する自民党の「保守系」議員の反応について、次のように報じました。

自民党の保守系議員でつくる「日本の尊厳と国益を護る会」は2日の会合で、愛知県内で開かれている国際芸術祭で従軍慰安婦を象徴する「平和の少女像」が展示されたことに関し、「『芸術』や『表現の自由』を掲げた事実上の政治プロパガンダだ。公金を投じるべきでなく、国や関係自治体に適切な対応を求める」との声明をまとめた。

実際の作品は、昔の学校にあったような椅子二つの片方に、小柄な少女が静かに座っているものでしたが、同じモチーフの像がソウルの日本大使館前などに配置されて、慰安婦問題での日本政府に対する抗議活動に使われたことから、「保守派」の政治家や市民は、これを「韓国による日本へのプロパガンダ攻撃」と見なして反発したのでした。

けれども、日本国内には、この少女像を見ても、自分の心が踏みにじられたとは思わない日本人が少なくないはずです。なぜなら、大日本帝国時代に日本軍が行った非人道的行為について、批判的に表現する作品があったとしても、自分を「大日本帝国の一員」と思わない日本人であれば、「戦後の日本国に生きる自分」に対する攻撃がなされたとは思わないからです。

実際、この出来事は日本国内でも賛否両論を呼び、テロ予告などの脅迫があったことから、八月三日限りでいったん展示が中止されましたが、展示を支持する市民や内外の芸術家らの抗議により、十月八日に展示が再開されました。

しかし、この問題は日本政府にも波及し、萩生田文部科学相（当時）は九月二十六日、文化庁が予定していた「あいちトリエンナーレ2019」に対する補助金約七八〇〇万円の交付を取り止《や》めると発表しました。萩生田文部科学相は、第三章の冒頭で触れた通り、二〇二一年八月十五日に靖国神社を参拝した閣僚三人のうちの一人でした。

この決定に対し、愛知県の大村知事は「抽象的な事由で一方的に不交付が決定されるのは承服できない。合理的な理由がない」として、国を訴える考えを明らかにしました。

大阪市の松井一郎市長（日本維新の会代表）は、八月二日の記者会見で「日本の軍だけが慰安婦制度をやっていたわけではない」「我々の先祖（大日本帝国の日本軍人）があまりにもけだもの的に扱われるような展示物を、日本国民の税で展示されることは違うと思う」と述べ、少女像の展示に反対する考えを表明した上、河村市長に少女像について教えたのは自分だとも話しました。

同じく日本維新の会の吉村洋文大阪府知事も、八月七日の定例記者会見で、少女像の展示は「反日プロパガンダだ」と指摘した上で、この展示を認めた大村愛知県知事は「知事として不適格じゃないか」と批判しました。

河村名古屋市長は、二〇一二年に「日本軍による南京《ナンキン》虐殺はなかった」と主張したことがあり、吉村大阪府知事も大阪市長時代の二〇一八年に、米サンフランシスコ市が慰安婦の像が設置された場所を市有地にしたことを理由に、六〇年間続いてきた大阪市とサンフランシスコ市の姉妹都市提携を解消する決定を下していました（この二つの出来事については、背景も含めて拙著『歴史戦と思想戦』［集英社新書］で解説しています）。

穏やかに椅子に座る少女の像が、いわゆる「保守派」の人々の目には「日本人の心を踏みにじるもの」や「日本人の先祖をけだもの的に扱うもの」に映っているという事実は、彼らが自らのアイデンティティーを「現代の日本国民」ではなく「大日本帝国の臣民」と見なしている事実を示唆しています。

慰安婦制度の非人道性や、南京虐殺の事実を認める歴史認識を「自虐史観」と呼ぶのもこれと同じです。自分を戦後の民主的な日本国の一員だと思う日本人にとっては、これらを認めても「自分の名誉を傷つけること」にはなりませんが、自分を昔の大日本帝国と一体化して物事を考える人から見れば、そのような「大日本帝国に不利な歴史認識」を認めることは「自分を傷つけること＝自虐」になります。

彼らは、主観的には「日本の名誉」を守るために戦っているのかもしれませんが、客観的に見れば、彼らが守ろうとしているのは「現在の日本国の名誉」でなく「自らのアイデンティティーと一体化した、過去の大日本帝国の名誉」なのは明らかです。そして、彼らのそうした行動は、「現在の日本国の名誉」を傷つける効果も生み出しています。

なぜなら、朝鮮人を含む多くの女性に心理的・肉体的な苦痛を与えた慰安婦という制度の非人道性を否定し、その制度を実質的に統括した大日本帝国時代の日本軍を擁護する行為は、現在の日本人もあの非人道的な制度を「反省していません」と世界中にアピールしているのと同じことだからです。

ちなみに慰安婦問題に関連して、二〇二二年三月三十日に「東京新聞」が、「従軍慰安婦は慰安婦に　教科書検定、閣議決定で出版社が修正　『負の部分を薄める』現場から懸念」との見出しの記事を公開しています。記事の内容は、文部科学省が三月二十九日に公表した高校教科書の検定結果によれば、複数の出版社の教科書で、大日本帝国時代の加害（従軍慰安婦や強制連行など）について記述する言葉が「政府の見解に沿う言葉」に「修正」されたというものでした。

この「政府の見解」とは、二〇二一年四月二十七日に当時の菅内閣が行った、「従軍慰安婦」は「慰安婦」、朝鮮半島からの強制連行は「徴用」や「動員」と表現するのが適切だという閣議決定でしたが、全体として大日本帝国の「加害性」を薄める方向性の「書き換え」であることから、学校現場からの批判や疑問の声も記事で紹介されていました。

こうしたことが世界の人々からどんな風に見られるのか、現代の日本で暮らす我々は想像力を働かせる必要があるように思います。

◆大日本帝国や日本軍を批判する者に投げられる「反日」という罵声

この「平和の少女像」をめぐる騒動で、自民党の「保守系」議員と大阪府の吉村知事が「反日」という言葉を使っている事実にも、注意を向ける必要があります。

以前は、単に特定の外国での日本製品ボイコットや日本政府の政策への抗議デモに対して使われていた言葉ですが、今はそれとは違った形で日本社会に氾濫しています。

今の日本で「反日」という言葉が使われるのは、どういう相手に対してなのか。

いくつか具体例を挙げてみます。

・日本軍による南京虐殺は「あった」と主張する者。
・慰安婦問題の非人道性を事実として反省的に認める者。
・特攻という戦法を非人道的だとして批判する者。
・首相や閣僚の靖国神社参拝を批判する者。
・一九四一年十二月に始まった日本軍の東南アジア侵攻を「侵略」と呼ぶ者。

つまり、大日本帝国と当時の日本軍にとって不名誉な事実を認める者や、当時の精神文化に批判的な者は、今の日本で「保守」を名乗る人々から見た「反日」です。

逆に、大日本帝国と当時の日本軍にとって不名誉な事実を否認する者や、当時の精神文化に肯定的な者は、今の日本で「保守」を名乗る人々から見た「愛国者」です。

現在の日本国は、日本国憲法の理念に基づく民主的な国であり、そこでの「愛国者」は当然

「日本国憲法を擁護し、大日本帝国を否定する考え」を持つ人間のはずです。

なのに、どういうわけか戦後の日本では相も変わらず、大日本帝国型の「愛国」思想を抱き、一九四五年の敗戦で滅びたはずの大日本帝国を擁護する人たちが「愛国」という錦の御旗《みはた》を独占的に振り続けています。ネットのSNSでは、そんな人々はアイコンやハンドルネームに日の丸や旭日旗をあしらい、プロフィールの文には「日本が大好きな普通の日本人です」などと書いていたりします。

戦後の日本社会で、大日本帝国を愛する人々が「愛国」を名乗り、（現在の）日本国を愛する人が「愛国」を名乗りたがらない理由の一つは、「愛国」という概念自体が「大日本帝国的」だと思われているからだと思います。自分をうっかり「愛国者」などと定義してしまったら、大日本帝国時代と同じように、国のために自分の暮らしや命を犠牲にしなくてはならないかのようなイメージが、戦後の日本では根強く残っています。

そんな状況に乗じて、大日本帝国型の「愛国」思想を抱く「保守」の人々は、「日本」という言葉を巧みに使って、大日本帝国の名誉を「日本の名誉」と錯覚させるトリックをよく使います（このようなトリックの手法についても、拙著『歴史戦と思想戦』の中で詳しく解説しましたので、ぜひご参照ください）。

そもそも「日本」という言葉は、戦前と戦中の「大日本帝国」と戦後の「日本国」の両方を含む包括的な概念ですが、先の河村たかし名古屋市長のように、大日本帝国にとって不名誉な表現を「日本人の心を踏みにじるもの」と断定的に大声で主張すれば、日本人である自分も何らかの被害を受けたかのように錯覚する人が出てきます。

日本人は、もうそろそろ、こんなお粗末なトリックにだまされ続けるのをやめるべき頃合いだろうと思います。戦前と戦中の「大日本帝国」時代を反省し、より良い未来を作るために真摯に反省する人は、「反日」ではなく、その正反対の態度です。

自分が「反日」呼ばわりされるのを恐れる人は、大日本帝国を愛する思想を「愛国」や「保守」と呼ぶ風潮を黙認してしまいますが、大勢の国民がそんな傍観的な態度をとり続けた結果、日本社会の精神文化は再び、それと自覚しないまま、大日本帝国時代と同じような方向へと流されつつあるように見えます。

《ナチスと決別したドイツ、大日本帝国と決別していない日本》

◆過去の歴史を歪曲《わいきょく》する「歴史修正主義」が跋扈《ばっこ》する現代の日本

いわゆる「保守」の人々が、日本の名誉を守ると称しながら、実際にやっていることは「大日本帝国の名誉」を守ることである。まるで自分が、敗戦で消滅した大日本帝国の生き残りであるかのように。

この事実に気づくことができれば、彼らが歴史問題でなぜあれほど頑《かたく》なな態度をとるのかという疑問も、氷解するはずです。

一般に、過去の歴史を学ぶのは「同じ過ちを繰り返さないため」であり、学問的な歴史研究は「実際にどのようなことがあったのか」という事実とそこに至る経過や周囲の状況を、さまざまな角度から実証的に明らかにすることをその目的とします。

これに対し、いわゆる「保守」の人々が語る、大日本帝国時代に関する歴史は、当時の大日本帝国が「正しかった」「何も間違ったことはしていない」と人々に信じさせることをその目的としています。「南京虐殺はなかった」「慰安婦はただの（自由意志の）売春婦だった（したがって非人道的な制度ではない）」「あの戦争はアジアへの侵略ではなく解放だった」など、今の国際社会ではまったく相手にされないような「独り善がりの解釈」を声高に繰り返すことで、予備知識のない日本人を味方に引き入れようとします。

このような、特定の政治思想に基づいて自国の過去の歴史的事実を否認したり、歪曲したり、誇張したりする行為は、一般に「歴史修正主義」と呼ばれます。

例えば、日中戦争初期の一九三七年に中国で起きた「南京虐殺」について、「保守」の人々は次のような「根拠」を理由に、「そんなものはなかった」と強弁します。

- 中国政府は「三〇万人」が犠牲者の総数だと言うが、当時の（平時の統計上の）南京市の人口はそれより少ない。
- 日本軍が大量に殺した中国兵の捕虜は全員、暴動を起こそうとしていた者だから殺しても問題ない。
- 日本軍が大量に殺した私服の中国人は全員、便衣兵（軍服を着ないで戦う戦闘員）だから殺しても問題ない。

・南京攻略戦に参加した何人かの日本兵に話を聞いたが、誰も虐殺を見ていない。

しかし彼らは、当時の日本軍の命令や従軍兵士の日記・手記に記されている、以下のような「虐殺を裏付ける事実」は一切見ようとしません。

密偵が、わが軍の占領地内にいることは確かだった。どこの部隊でも、怪しい土民〔原住民〕はすべて捕らえて処刑した。なかには無実の者もいたかもしれない。だが何しろ言葉はわからず服装は同じ――、戦場の常としてやむを得なかった点もある。

（樋貝義治『戦記　甲府連隊』サンケイ新聞社、p.236）

師団長は女、子供に至るまで殺してしまえと言っているということだった。我々は、片端から住民をつまみ出してきた。連隊長大野大佐は、住民を殺せと命令した。

（井口和起、木坂順一郎、下里正樹編『南京事件　京都師団関係資料集』青木書店、p.220）

午前十時から残敵掃討に出かける。（略）午後また出かける。若い奴《やつ》を三百三十五名捕らえてくる。避難民の中から、敗残兵らしき奴を皆連れてくるのである。この［避難民の］中には家族もいるであろうに。これを連れ出すのに、ただただ泣くので困る。手にすがる、体にすがるで、まったく困った。（略）揚子江付近にこの敗残兵三百三十五名を連れて、他の兵が射殺に行った。（略）日本軍司令部［の統治下］で二度と腰の立てないようにするために、［中国の］若人は皆殺すのである。

（南京戦史編集委員会編『南京戦史資料集Ⅰ』増補改訂版、偕行社、p.370）

最後の文献は、日本陸軍の士官学校卒業生らを中心とする親睦団体の偕行社が、南京攻略戦に参加した日本軍人からの聞き取り調査に基づき編纂したもので、南京虐殺の実行を裏付ける厖大な証言や証拠が示され、その信憑《しんぴょう》性はきわめて高いと言えます。

第三章で触れたように、先の戦争を「大東亜戦争」と呼ぶ行為そのものが、あの戦争は「東南アジアの植民地を米英から解放する大義のある戦争だった」という、侵略戦争を否定する歴史認識の表明であり、当時の東條英機首相の説明をそのまま鵜呑みにするものです。しかし、いわゆる「保守」の人々が主張する「日本が大東亜戦争をやったおかげで、東南アジア諸地域は独立できた」という解釈は、歴史的事実にも、東南アジア諸国の学校で教えられている歴史教育の内容にも、まったく合致していません。

戦後にインドやビルマ、インドネシアが独立できたのは、現地の人々が戦って勝ち取ったからであり、戦争中に日本軍が手助けした面は確かにありましたが、それは大日本帝国の利益になる範囲に限定されたものでしかありませんでした。

フィリピンは、日本軍が一九四一年に侵攻する前の一九三四年に「一〇年の移行期間を経て独立させる」とアメリカ政府に約束されており（フィリピン独立法）、マラヤ（現マレーシア）やシンガポール、香港《ホンコン》などについては、日本軍が占領した後、将来の独立を許す計画はなく、終戦まで大日本帝国が直轄統治下に置きました。

現在のベトナムやラオス、カンボジアは、戦争当時はフランスの植民地（仏印＝仏領インドシナ）でしたが、日本軍はこの地域を「白人から解放する」どころか、フランスの現地当局と手を結んで米などの農産物を搾取（安価で買い上げ）しました。そのために、ベトナムでは大量の餓死者（三〇万とも二〇〇万ともいわれる）が発生しました。

こうした歴史的事実から目を背け、大日本帝国にとって「いいこと」だけを喧伝《けんでん》する、いわゆる「保守」の人々は、本当に「日本の名誉」を守っているのでしょうか？

これから先、日本人はますます東南アジアを含む諸外国の人と交流を深め、さまざまな国か

写真4　日本軍の虐殺で犠牲となった市民の慰霊碑
（上段：シンガポール、下段：マニラ）

ら集まった人と会話する機会も増えるでしょうが、もしそこで日本人だけが、かつて日本軍が東南アジアでどんなことをしたのかという歴史的事実を「知らない」という状況になってしまったら、その日本人と周囲の人々の関係はどうなるでしょう？

その日本人が、頑なな態度で「日本軍は悪いことなどしていない。アジアを解放して、アジアの人たちから感謝されている」という、日本国内の一部でしか通用しない「歴史認識」を説明すれば、本当の歴史的事実を学んだ諸外国の人々はどう感じるでしょうか？

おそらく「こいつには話が通じな

い」「信用できない」と思われるでしょう。

このように、一見すると「日本の名誉を守っている」かに見える「大日本帝国の名誉を守る歴史認識」は、長いスパンで見れば、将来の日本人を国際的に孤立させたり、日本と諸外国の関係を悪化させたりする危険性をはらんでいます。

日本人旅行者も多く訪れるシンガポールやマニラの観光地には、「日本軍の虐殺で犠牲となった市民の慰霊碑」（写真4）があちこちに存在しています。日本の一部にいる「保守」と称する人々が何を言おうが、それが歴史的な事実であり、変えることはできません。

将来の日本が、国際社会で信用され、信頼され、尊敬される国になりたいのであれば、過去に大日本帝国が行った犯罪や非人道的行為を歴史的事実として直視し、さらなる事実関係の探求を行い、二度とそれを繰り返さないという姿勢をとらなくてはなりません。

◆戦後のドイツはいかにして過去と対峙し、克服の努力を続けているか

過去に自国が行った犯罪や非人道的行為を歴史的事実として直視し、さらなる事実関係の探求を行い、二度とそれを繰り返さないという姿勢をとる、という面において、日本人が手本として参考にできる国があります。

ヨーロッパのドイツです。

改めて説明するまでもなく、独裁者アドルフ・ヒトラーに率いられた第二次大戦中のドイツは、ヨーロッパの多くの国々を侵略した上、ユダヤ人の大量虐殺（いわゆるホロコースト）という人類史上の汚点とも言える人道的犯罪を犯しました。

現在のドイツは、政府も一般国民も、ナチス時代の精神文化を「社会が容認してはならないもの」として扱い、ナチス賛美やホロコースト否定の言説、カギ十字などのナチス時代のシンボルは刑法（ドイツ刑法典第一三〇条「民衆扇動罪」）で禁じられています。ヒトラーの著書『わが闘争』も、専門家による厖大な批判的注釈付きで限定的に出版が許可されていますが、批判的注釈抜きの「素の状態」での販売は禁止されています。

そして、ドイツの大統領や首相は、第二次大戦期におけるナチスの犯罪や非人道的行為の犠牲者を追悼する国内と国外の式典に出席し、ドイツ政府としての反省の言葉を述べ、二度とあのような行為を繰り返さないという強い決意を表明しています。

二〇一五年一月二十六日、ドイツのアンゲラ・メルケル首相は、ベルリンの教育関連施設で開かれた、アウシュヴィッツ・ビルケナウ強制収容所の犠牲者追悼式典に出席しました。二〇一五年は、最も多くのユダヤ人（犠牲者総数約六〇〇万人のうち約一一〇万人）がガス室などで殺害された同収容所の解放から七〇周年の節目で、式典では虐殺を生き延びたユダヤ人の生存者も登壇して、当時の凄惨な様子を生々しく証言しました。
生存者の後で演壇に立ったメルケル首相は、ドイツ政府トップとしてこう語りました。

「ナチス・ドイツは、ユダヤ人らに対する虐殺によって人間の文明を否定しましたが、アウシュヴィッツはその象徴です。私たちドイツ人は、恥の気持ちでいっぱいです。なぜならば、何百万人もの人々を殺害したり、その犯罪を見て見ぬふりをしたのはドイツ人だったからです」（熊谷徹「アウシュヴィッツ解放70年　メルケルの誓い」ドイツニュースダイジェスト、二〇一五年二月六日）

メルケル首相は、会場の最前列に座る生存者に、次のような言葉をかけました。

「あなたは渾身《こんしん》の力を振り絞って、収容所でのつらい体験を語ってくれました。そのことに心から感謝したいと思います。なぜならば、私たちドイツ人は過去を忘れてはならないからです。私たちは数百万人の犠牲者のために、過去を記憶していく責任があります」

そしてメルケル首相は、ドイツ国内で再び広がりつつある反ユダヤの思想やそれに基づく暴力行為についても、「我々は、反ユダヤ主義、そしていかなる形の差別、排外主義にも毅然として対抗しなくてはなりません」との表現で、厳しく批判しました。

それから四年後の二〇一九年十二月六日、メルケル首相はポーランドのアウシュヴィッツ・ビルケナウ強制収容所跡を訪問し、犠牲者を追悼しました。ドイツの首相が同地を訪れたのは、西ドイツ時代を含めて三人目で、前の二人は一九七七年のヘルムート・シュミットと、一九八九年・一九九五年のヘルムート・コールでした。

メルケル首相はアウシュヴィッツでも、過去のドイツが行った人道的犯罪を「記憶しておくことは、決して終わることのない責任の一つだ。わが国と不可分に結びついている。この責任を認識することは、国家のアイデンティティーの一つだ」と述べ、ドイツ人がこの場所で行った「残忍な犯罪」について「深く恥を感じる」と述べました。

（同前）

こうした、自国が第二次大戦中に行った「負の歴史」を直視し、その責任から逃げることなく誠実に反省と再発防止の決意を示す態度は、メルケル首相に限ったことではなく、ドイツ国内に存在する当時の関連施設跡や博物館の展示にも通じるものです。

二〇一八年四月、私はドイツとチェコ、オーストリアを巡る旅をしました。

メインのテーマは「ヒトラーとナチスの足跡を逆にたどる」というもので、ベルリン市内（ナチスが崩壊した地）で数日滞在した後、レンタカーを借りて同市をスタートし、ドイツ南部のミュンヘン（ナチスが勃興した地）を旅のゴールと設定して、チェコとオーストリアを含む途中のルートにあるヒトラーとナチス関連の史跡などを訪問しました。

写真5　恐怖の地形
（トポグラフィー・オブ・テラー）

この旅行中、私はベルリン市内のゲシュタポ本部跡地に建てられた、ナチスの精神と行動を反省的に学ぶ施設「恐怖の地形（トポグラフィー・オブ・テラー）」（写真5）と、反ヒトラー派軍人の拠点だった建物を改装した「ドイツ抵抗記念館」、ベルリン北郊のザクセンハウゼン強制収容所跡、ベルリン西部のヴァンゼーという湖の畔《ほとり》にある保養施設跡（ホロコーストの方針を決定する秘密会議が開かれた場所）、ニュルンベルクの博物館「帝国党大会会場文書センター」、ヒトラーの山荘があったベルヒテスガーデンの博物館「オーバーザルツベルク現代史研究所」（山荘自体は終戦時に取り壊されてコンクリートの土台だけが残る。写真6）、ミュンヘン北西のダッハウ強制収容所跡などを見学しました。

それらの施設のすべてに共通すると感じたのは、第二次大戦中にナチス・ドイツが行った犯罪的行為は、ナチ党に属さない一般のドイツ国民と無縁だったわけではなく、むしろ国民がナチスの勃興を許したからあのような出来事が起きたのだ、という、国民全体に当事者意識を持たせる説明をしていたことでした。

写真6　オーバーザルツベルク現代史研究所

ザクセンハウゼン強制収容所跡で仕事をする人によれば、そこを見学するドイツの学生たちは「自分は当時の犯罪的行為について直接の責任はないが、将来において同じようなことが起きないようにする責任はある」との認識を深めるそうです。

◆「ドイツの姿勢から学ぶ」は「ドイツ礼賛・ドイツ信仰」ではない

こうしたドイツ人の過去と向き合う姿勢については、日本のメディアでも時折報じられますが、日本国内には素直に「ドイツから学ぶ」ことを嫌う人も存在します。

いわゆる「保守」の人々も、そのような態度をしばしばとっています。

彼らが「ドイツから学ぶことを拒絶する理由」としてよく挙げられるのは、「日本軍は特定の民族を絶滅させるというような人道的犯罪はしていない」や「ドイツ人は過去の犯罪的行為をナチスに押し付けて、一般市民は責任逃れしている」などです。

しかし実際には、先に述べたように、現在のドイツでは、過去の犯罪的行為をナチスに押し付けて、一般市民は責任逃れしているという事実は存在しません。

第二次大戦の終結後、ドイツは西と東の二つに分断され、西ドイツは言論の自由がある程度保障された民主主義国として歩んできましたが、西ドイツでもある時期までは、戦争中にドイツが行った人道的犯罪と対峙することを避ける風潮がありました。

一九五〇年代から六〇年代には、西ドイツの一部で「ナチス時代のすべてが悪いわけではなかった」や「戦勝国も良くないことをした」という、部分的な免罪論を主張する人々が存在しましたが、その影響力はきわめて限られ、大衆には支持されませんでした。

その後、一九八〇年代の「歴史家論争」（ナチスの思想や行動についての解釈をめぐる歴史家や哲学者による論争）を経て、ナチスの擁護やホロコーストの否定が犯罪として法的に規制されるのとともに、当時の出来事についてのドイツ国民の責任という問題も重視されるようになり、現在ではザクセンハウゼンやダッハウなどの強制収容所の見学と当時の出来事の反省的な学習が、学校教育の中に組み込まれています。

こうしたドイツの取り組みを見て気づかされるのは、個人はもとより、国のような社会集団であっても、過去の非を認めることは「恥」ではない、という事実です。

なぜなら、それを認めることで、個人や社会集団は以前よりも一段階「成長する」という効果が期待できるからです。

過去の非を認められる者と、そうでない者の違いは、端的に言えば「成熟した大人」と「まだ成熟していない子ども」に喩《たと》えられるかもしれません。

実際には、年齢的には子どもであっても、素直に自分の非を認められる子は少なくないので、これはあくまで「比喩」としての表現に留まります。

ただ、素直に自分の非を認められる子どもは、おそらく親もまた、自分の非を認められる大人であり、子どもはその姿を見て学んだのであろうと想像できます。

日本を含む他の国々と同様、現代のドイツにもいろんな人がいて、今もナチスに魅力を感じる人や、ヒトラーを崇拝する人は一部に存在します。また、ドイツの「過去との向き合い方」が完成の域に達しているわけではなく、改善の余地はまだあるようです。

しかし、現在の日本で大日本帝国時代の精神文化があちこちに残るのとは対照的に、ドイツでは前記した通り、ナチス時代の精神文化は徹底的に社会から排除され、当時の思想や世界観はドイツの将来を再び誤った道へと導くものとして否定されています。

ナチス・ドイツの名誉を守ることが「ドイツ人の名誉を守ることになる」というような考え方をする人間は、ドイツではそもそも政治家などの公職に就くことができません。

以上のような観点で問題を俯瞰すれば、現代のドイツ人が過去と向き合う姿勢から日本人が学ぶという考え方は、一部の人が揶揄《やゆ》するような「ドイツの理想化」でも「ドイツ礼賛」でもなく、責任ある大人としてごく普通の思考であろうと思います。

《戦後も形を変えて続く大日本帝国型の権威主義と人間軽視》

◆学校を「人材」育成の場と見なす経団連などの企業経営者たち

人の命や暮らしを大事にせず、一人一人の人間よりも集団全体の利益を当たり前のように優先する「大日本帝国型の精神文化」は、政治的な分野のみならず、企業の経営者の間にも根強く存在しているように思います。

二〇二一年十月二十日、「朝日新聞」は「韓国に抜かれた日本の平均賃金」という見出しの記事を公開しました。その内容は、日本の平均賃金が諸外国のように伸びていないこと、日本の製造業の生産性にも同様に伸びが見られないことなどの指摘でした。

経済協力開発機構（OECD：日本を含む三八か国が加盟する国際機関）が二〇二〇年に公表した、主要国の平均賃金（年収）推移に関する調査結果（物価水準を考慮した「購買力平価」ベース、一ドル＝一一〇円換算）によれば、日本の平均賃金は四二四万円で、調査対象三五か国中の二二位でした。一位はアメリカの七六三万円でした。

一九九〇年から三〇年間の推移で見れば、日本は一八万円しか増加していないのに対し、アメリカは二四七万円（日本の約一四倍）も増えていました。韓国は、一九九〇年の時点では約二四〇万円でしたが、この三〇年間で賃金が一・九倍に増え、二〇一五年に日本を追い抜き、二〇二〇年には四六二万円と、日本を三八万円上回りました。

二〇二一年十一月十八日には、「朝日新聞」が「転職後の賃金、『減った』が『増えた』を上回る」という見出しで、厚生労働省による二〇二〇年の「転職者実態調査」で判明した転職後の賃金変動について報じました。それによると、二〇一九年十月から二〇年九月に転職した約五五〇〇人を対象とした調査で、転職後に賃金が「増えた」と答えた人の割合が39・0％であったのに対し、「減った」と答えた人は40・1％でした。

しかし、日本の財界で主導的立場にある経団連（日本経済団体連合会）の大橋徹二副会長は、二〇二一年一月十九日に行った記者会見で、新型コロナ感染症の影響による企業の経営環境悪化などを理由に、業種横並びや各社一律の賃金引き上げは「現実的ではない」と指摘、業績が良くない企業はベースアップも「困難」だと述べました。

その一方で、経団連は二〇二〇年十一月十七日、「Society 5・0に向けて求められる初等中等教育改革　第二次提言」と題した提言書を公表しました。

その中で、経団連は、日本政府が目指す将来的な社会モデル「ソサエティ5・0」で活躍できる「人材」の育成に、初等中等教育を行う学校は取り組むべきだとして、人工知能（AI）やビッグデータの活用などのデジタル技術の教育に力を入れるよう求めました。

経団連は、提言の最後のページで、次のような認識を書いていました。

学校の教職員や教育委員会は、未来社会を支える人材を育成しているという気概を持って、変革に取り組むことが重要である。(p.30)

この状況を見て、戦史を研究する人間として連想するのは、先の戦争における大日本帝国の図式、特に日本陸軍の上層部と前線将兵の関係です。

第三章で述べた通り、当時の日本軍上層部は、兵站を軽視して食糧や弾薬をろくに前線部隊に送らずに、達成すべき作戦目標を命令するという無責任な態度を繰り返しました。現在の日本における「財界」つまり大企業の経営者も、実質的にはそれと同じようなことを、現場のサラリーマンに対して行っているように見えます。

企業の利益余剰金である「内部留保」は五〇〇兆円に迫るほど膨れあがっている(財務省が二〇二一年九月一日に発表した法人企業統計によれば四八四兆三六四八億円)のに、経団連に加盟する日本の大企業経営者は、社員の賃金アップを渋りつつ、企業の役に立つ「人材」の育成を高飛車に学校へと要求しています。社員一人一人が置かれている境遇や日々の暮らしの実情が、彼らの目に入っているようには思えません。

そもそも、ある時期から日本企業で当たり前のように使われるようになった「人材」という言葉自体、働く者を「独立した価値を尊重されるべき一人の人間」ではなく、何かの役に立てる「材料」と見なす、経営者の傲慢な思考を物語るものとも解釈できます。

そんな、一人一人の人間とその暮らしを大事にしない発想は、軍人も一般国民も天皇中心の「国体」のために役立てる「臣民」と見なしていた「大日本帝国型の精神文化」と、根元の部分で繋がっていると言えます。

新聞やテレビなどの日本のメディアも、経済状況を判断する指標の一つに過ぎない「大企業の株価」に過剰なほど注目し、一人一人の国民の暮らしが三〇年間でどうなったかという足元の状況には目を向けないまま、大企業の株価が高値で安定していれば「日本経済が上手《うま》く回っている」かのような「財界目線」の報道を繰り返してきました。

日本のように「残業が当たり前」と考えず、定時で帰宅して家族と過ごす時間を大切にするアメリカやヨーロッパ（ドイツもイギリスもフランスも、二〇二〇年の平均賃金は日本より上位）の方が、残業ばかりして（または「させられて」）「人間らしい暮らし」をなかなか実現できない日本よりも、平均賃金が高い。

そんな状況を「おかしい」と認識し、待遇の改善を求めるストライキなどの運動が、日本では大規模に広がらないのはなぜなのか。

働く国民の側も「大日本帝国型の精神文化」に囚われて、今自分が置かれている状況について組織の上位者に不満や文句を言うことが「良くないこと」だと思い込んでいるのが原因なのかもしれません。

◆アジア人の「外国人技能実習生」と「アジア人労務者」の類似点

日本の企業経営者に見られる、大日本帝国型の思考法は、「外国人技能実習生」という制度の運用実態にも表れています。

二〇二一年七月一日、アメリカ国務省は世界各国の人身売買に関する二〇二一年版の報告書を発表しました。その中で、日本の「外国人技能実習生」制度について、内外の業者が「外国人労働者搾取のために悪用し続けている」と指摘し、人身売買が軽微な処分で済まされている現状を改めるための厳罰化を、日本政府に求めました。

外国人技能実習生制度は、一九六〇年代後半に海外の現地法人で行われていた研修制度を原型として、一九九三年に制度化されたもので、創設当初の目的は、造船業など日本が持つ専門技術を学んだアジアなどの実習生が、帰国後に母国で産業の発展に貢献することを主眼とし、しばらくの間は「実習生側の利益」が重視されていました。

しかし、受け入れ側の日本企業の中に、実習生を「人手不足を補える低賃金労働者」と見なす経営者が出てくると、時給三〇〇円や四〇〇円、早朝から夜まで働いても月に六万円など、最低賃金を大きく下回る苛酷な環境で働かされる実習生が増え、心ない経営者による暴言やいじめで実習生が精神的に追い詰められる事例も報告されました。

二〇一二年、ある二〇代の中国人女性が二〇〇八年から二〇一〇年まで技能実習生として過ごした日々を記した日記の英訳が、国連の人権理事会に提出されました。これを受けて、国連機関と国際労働機関（ＩＬＯ）が実態を調査し、日本の技能実習生制度は「外国人労働者を適正に処遇していない」として、日本政府に是正勧告を送りました。

二〇一三年六月には、米国務省が人身取引報告書で「日本政府は技能実習生制度における強制労働の存在を正式に認知しておらず、本制度の悪用から実習生を保護するための効果的な管理・措置が不足している」との最初の指摘を行いました。

その後、二〇一六年から一七年にかけて、悪用を防ぐ目的で制度内容が変更されましたが、逃亡防止を理由とするパスポートの取り上げや、業務効率を優先した恋愛禁止、妊娠した女性実習生への中絶強要など、雇用者が実習生の自由や人権を不当に侵害し、奴隷的とも評される苛酷な境遇に置く事例は、今なお解消されていません。

二〇一八年十一月十一日、国会で野党合同による技能実習生へのヒアリング（実態調査のための聞き取り）が行われましたが、そこで二〇一五年に来日したベトナム人実習生の手紙が議員に手渡されました。手紙によれば、その実習生は「型枠や鉄筋の施工と工事」という職種で福島の建設会社と契約したはずでしたが、実際にはそれ以外の現場でも働かされ、仕事の内容についての説明や安全講習を何も受けないまま、放射能で汚染された土などを除去する「除染作業」もやらされていたと告発しました。

その一一日後の十一月二十二日、法務省は技能実習生が失踪する動機などについての実習生二八七〇人を対象とした調査結果の資料を、参議院に開示しました。閲覧した野党議員によれば、資料から書き写した四五五件のうち、最低賃金を上回る待遇で雇用されていた実習生の事例は、その14・9％にあたる六八件に過ぎませんでした。

また、厚生労働省が二〇二〇年十月九日に公表した「外国人技能実習生の実習実施者に対する平成31年・令和元年の監督指導、送検等の状況」によれば、労働基準関係の法令違反が認められた実習実施者（雇用者）は、監督指導を実施した九四五五事業場のうち、七割を超える六七九六事業場でした。この調査が開始された二〇一五年には、法令違反が認められた事業場の数は、五一七三事業場中の三六九五事業場で、法令違反率は二〇二〇年までずっと70～71％で横ばいとなっています。

これらの実情を見て、戦史を研究する人間として連想するのは、先の戦争で大日本帝国が中国や東南アジアの住民を雇用あるいは強制的に徴用し、鉄道や飛行場などの軍事施設の建設作業に従事させた「労務者」の事例です。

労務者の大量動員による土木建設作業として、よく知られているのは「泰緬《たいめん》鉄道」の建設工事です。一九四二年七月から一九四三年十月にかけて、日本軍は当時大日本帝国の友好国だったタイ（泰）から日本軍統治下のビルマ（緬甸）まで、兵員や補給物資輸送用の鉄道を敷設する工事を行い、イギリス軍人などの連合軍の捕虜約六万人と、二〇万ないし三〇万人のアジア人労務者をこの建設工事に動員しました。

ジャングルや山地を切り開いて鉄道を敷く工事で、作業員は劣悪な環境に置かれ、監督する日本兵の暴力も受けました。工事の期間中、事故や過労、病気、衰弱などで約一万三〇〇〇人の連合軍捕虜と約八万五〇〇〇人のアジア人労務者が死亡しました。

もちろん、日本の外国人技能実習生は、これほどの死者を出してはいませんが、雇用側の日本人経営者がアジア人の実習生に対してとっている侮蔑的で傲慢な態度は、当時の日本兵と重なる面が存在しています。相手が日本人以外のアジア人なら、人権や人道をないがしろにしても許されるというのは、日本人を優越視する差別思想の裏返しです。

技能実習を終えた外国人を対象に、東京五輪の準備に伴う人手不足を補うために時限つき（二〇一五～二二年度末）で認められた、「特定活動」と呼ばれる在留資格の労働においても、二〇一七年度に国土交通省の委託法人から立ち入り調査を受けた企業五一八社のうち、約四割の二〇四社で賃金に関する問題が生じている事実が判明しました（二〇一八年十一月二十七日付の「朝日新聞」）。

また、スリランカ人女性ウィシュマ・サンダマリさんが、二〇二一年三月六日に名古屋出入国在留管理局（入管）の施設内で死亡した事件などで明らかになった、日本の入管職員による外国人収容者への暴力や虐待などの非人道的行為も、先の戦争中に日本軍が東南アジアで現地の住民に対して行った拷問や虐待を連想させるものです。

実際、日本の入管での収容者への扱いは、国連の「拷問禁止委員会」や国連人権理事会の「恣意的拘禁作業部会」から、非人道的あるいは国際法違反と指摘されています。

こうした指摘をいつまでも無視し続ける日本政府は、人権や人道を軽視する「大日本帝国型の精神文化」を今も継承していると批判されても仕方ないように思います。

◆上位者と集団への無条件服従を子どもの心に植えつける教育

健全な民主主義が機能している国では、企業の経営者（社会の上位者）が横暴なことをすれば、従業員やそれを見ている第三者が「おかしい」と異論や抗議の声を上げ、社会の自浄作用が働いて、経営者の横暴にブレーキがかかります。

けれども、健全な民主主義が機能していない国、例えば大日本帝国時代の日本のような国では、そうした自浄作用は機能しません。

第四章で紹介した『新教育指針』の一節を、再び引用します。

> 上の者が権威をもって服従を強制し、下の者が批判の力を欠いて、わけもわからずに従うならば、それは封建的悪徳となる。事実上、日本国民は長い間の封建制度に災いされて「長いものには巻かれよ」という屈従的態度に慣らされてきた。
>
> （略）
>
> 批判的精神に欠け、権威に盲従しやすい国民にあっては、物事を道理に合わせて考える

力、すなわち合理的精神が乏しく、したがって科学的な働きが弱い。

ここで指摘されている「批判的精神」について、現在の日本社会ではどのように認識されているのでしょうか。

二〇一九年六月十九日、ＯＥＣＤは「国際教員指導環境調査（ＴＡＬＩＳ：Teaching and Learning International Survey）」の二〇一八年版を公表しました。

これは、ＯＥＣＤ加盟各国の学校と教員の環境、学校での指導状況、教員が持つ意識などに関する調査結果をまとめ、多角的に分析した内容の報告書で、さまざまな分野ごとの国際比較が可能なデータが数多く含まれていました。日本では、二〇一八年二月から三月にかけて、全国の中学校一九六校（校長一九六人、教員三六〇五人）と小学校一九七校（校長一九七人、教員三三六一人）で調査がなされていました。

文部科学省の公式サイトでは、この「ＴＡＬＩＳ　２０１８」の報告内容の要約を公開していますが、その中に興味深い調査結果が含まれていました。

まず、学校で「児童生徒の批判的思考を促す」教育をしているかという問いについて、「非常に良くできている」と「かなりできている」、「いくらかできている」、「全くできていない」

の四択で最初の二つと答えた教員の割合は、参加四八か国の平均では82・2%でしたが、日本の中学校では24・5%、小学校では22・8%という低さでした。

また、生徒に「批判的に考える必要がある課題を与える」という問いでは、「いつも」と「しばしば」、「時々」、「ほとんどなし」の四択のうち最初の二つと答えた教員の割合は、参加四八か国の平均は61・0%でしたが、日本の中学校で12・6%、小学校では11・6%でした。どちらの問いでも、日本は参加四八か国中、四七位に大きく離された最下位の数字でした。

前者の「児童生徒の批判的思考を促す」教育について、中学校では、最初の二つの回答割合が最も高いポルトガルが97・9%で、アメリカは82・3%、上海《シャンハイ》（中国）は85・2%、韓国は76・5%、台湾が70・4%でした。これらの国々と比較すると、日本の中学校の24・5%、小学校の22・8%が、いかに低い数字であるかがわかります。

第二章（一〇七ページ）でも説明しましたが、「批判的思考（クリティカル・シンキング）」とは、物事を鵜呑みにせず、与えられた説明や解釈が妥当であるか否か、自分の頭を使ってさまざまな角度から検証する思考法を指す言葉です。

日本では、「批判」という言葉は「否定的」と混同して使われることも多いですが、批判的思考は必ずしも対象を否定的に捉える思考ではなく、論理的に問題点の洗い出しを行うことで、対象の完成度を高めるというポジティブな効果が得られる場合もあります。

日本の小学校や中学校で、批判的思考力を育てない理由はいくつか考えられますが、日本社会の側、つまり日本国民の多くが、そうした教育の意義や必要性を正しく理解できておらず、学校にそれを求めていないからだという事実が大きいように思います。

日本の社会では、たいていの場合、集団に属する一人一人の人間が個人として自立的に物事を考えて行動することよりも、むしろ集団の「秩序」を乱さず、集団内での地位が上の人間の言葉に疑問を抱かずに、黙って服従することが優先されます。

全体行進のように一糸乱れず、全員が同じ歩調で同じ方向を向いて、手や足の動きまで揃《そろ》えた方が、集団の秩序が保たれて、良い結果を残せると信じられているからです。

しかし、日本はかつて、このように国全体が一糸乱れず、全員が同じ方向に向かって突進し、大失敗したことがありました。

一九三七年の日中戦争勃発から、一九四五年の降伏と敗戦までの、戦争の時代です。

もしあの時、国民の一人一人がきちんと批判的思考の能力を持って、軍部やメディアの説明が妥当かどうかを論理的に検証していたなら、あれほどの死者と災厄を内外で生み出すことなく、戦争を終わらせることができていたかもしれません。

批判的思考の能力は、それほど重大な、国の将来を左右するほどの意味を持ちます。

けれども、民主的な社会の健全さを維持するために不可欠で、重要な意味を持つ「批判的思考」を、日本の学校教育は軽視し、その能力を伸ばそうとしてきませんでした。

そんな教育を何十年も続けてきた結果が、日本社会の現状です。

政治権力者や省庁の中枢部で不正や背任が行われても、組織内で誰も「これはおかしい」と言わず、上の者に黙って従って加担してしまう。本来それを批判して社会に警鐘を鳴らす役割を担うはずの報道メディアも、政府側の発表や言い訳を無批判に広報するだけ。

国民の側も、首相や大臣の不正や権力私物化に慣れてしまい、自分たちの払った税金が不透明な形で使われても、本気で怒ったりせず、あきらめて黙認してしまう。

このままの状況が続けば、日本という国はどこへ向かうのでしょうか？

《日本が「本物の民主主義国」になるために必要なこと》

◆なぜ「大日本帝国型の精神文化」を擁護する「保守」が日本国憲法を変えたがるのか

今の日本社会には「大日本帝国型の精神文化」が根強く残っている、との指摘を本書のまえがきで読まれた時点では、いまひとつピンとこない印象を持たれた方も少なくないかもしれません。

しかし、本書をここまで読み進められた後なら、その意味するところをご理解いただけたのではないでしょうか。

構造的に差別され続ける女性とマイノリティ。集団全体のために犠牲にされる一人一人の「人間らしい暮らし」。自分より立場が上の者には黙って服従し、立場が下の者には傲慢に振る舞う者たち。

こうした今の日本社会の問題は、第四章で紹介した『新教育指針』で指摘された「大日本帝国時代の社会の悪しき側面」とぴったり重なります。

封建的な心持ちを捨て切れぬ人は、自分より上の人に対しては、無批判的に盲従しながら、下の者に対しては、独り善がりの、威張った態度でのぞむのが常である。そして、独り善がりの人は、自分と違った意見や信仰を受け入れるところの、大らかな態度を持たない。日本国民のこのような弱点は、最近特に著しくなった。

それはつまり、こうした現代日本の問題点を解消するためには、大日本帝国時代から続く精神文化と改めて向き合い、それの何が問題なのかを認識した上で、日本の社会から徹底的に排除する必要がある、ということです。

特攻で命を落とした若者たちに敬意を払いつつ、彼らに自殺攻撃を命じた大日本帝国の精神文化と決別することは可能ですし、彼らを含む戦没軍人を追悼しつつ、靖国神社に代表される大日本帝国の人命軽視の精神文化と決別することは可能です。

これらを無自覚に、あるいは意図的に混同して、特攻隊員への同情や憐憫《れんびん》を大日本帝国の精神文化の肯定に結びつけたり、戦没軍人の追悼を靖国神社の本質であるかのように錯覚させるトリックを、我々は目ざとく見抜いて、決別しなくてはなりません。

敗戦後の日本で公布された日本国憲法の理念は、三つの柱として説明されます。

国民主権、平和主義、基本的人権の尊重。

この三つは、敗戦までの大日本帝国がどんな国だったのかを、皮肉な形で簡潔に説明していると言えます。大日本帝国は、この三つの理念とは正反対の国だったからです。

大日本帝国時代には、政治や社会に関する物事を決定する権限＝主権は、下々の国民にはありませんでした。

大日本帝国時代、とりわけ昭和期には、外国との利害対立や軍事的緊張は、平和的な外交交渉ではなく、武力を用いた戦争や紛争で解決することが当然とされていました。

そして、大日本帝国時代には、国民の命は天皇に捧げることで価値が認められ、一人一人の国民は基本的人権をまったく保障されず、戦争末期には軍人も市民も、天皇のためという大義名分で自殺的な戦いに身を投じることを実質的に強制されていました。

一〇年前の日本社会と比較して、現在の日本社会は、さまざまな面で「日本国憲法に示された三つの理念」の正反対の方向に向かっていると感じませんか？

このことは、いわゆる「保守」と呼ばれる人々が、日本国憲法を蛇蝎《だかつ》のように嫌い、親の仇《かたき》でもあるかのように憎悪の炎を燃やし、なんとかして条文を変えてやろうと異様な熱意を注ぐ動きと、無関係ではありません。

◆日本人の最大の弱点──情緒的な物事の見方と自己犠牲の美化

結果的に内外で多くの人を死なせ、さらに多くの人に不幸をもたらした先の戦争を、当時の日本人は熱狂的に支持していました。

一九三七年十二月の南京陥落や、一九四二年二月のシンガポール陥落では、大勢の市民がお祝いの行列に参加し、デパートは祝賀セールを華々しく行いました。

たった数年後に、日本国内が空襲の標的となって、多くの家が焼夷弾《しょういだん》で焼かれ、子どもやお年寄りを含む大勢の人が亡くなることになるとは思わずに。

なぜ、当時の日本人はそんな戦争を熱狂的に支持したのか。

新聞やNHKラジオの「メディアの扇動」など、いくつかの理由が考えられますが、無視できないと思われるのは「日本人は情緒的な美談に弱い」という国民性です。

二〇二一年の東京五輪の時も、菅首相をはじめとする政権与党の政治家と大手新聞・テレビ、公共放送のNHKは、選手の苦労を美談化して「物語」に仕立て、人々の同情や応援の気持ちを引き出す「扇動」を、当たり前のように行っていました。

難病を克服して競技に復帰したある女子の水泳選手について、テレビや新聞は、彼女が勇気と努力で逆境を跳ね返したという「美談」のストーリーで語り、東京五輪関連のイベントなどに彼女が登場すると、その姿を大きく取り上げました。

NHKは、二〇二一年四月に開かれた代表選考大会（第九七回競泳日本選手権）で勝利して、東京五輪の代表権を獲得したこの女子水泳選手の映像に「努力は必ず報われる」という大きな文字を重ねてテレビで放送しました。

こうした「メディアの扇動」の効果もあってか、東京五輪の開催可否についての議論では、「選手は命を懸けている」「この大会のために四年間我慢して、苦しい練習に耐えてきた選手たちの気持ちを思うと、中止しろとは言えない」などの、情緒的な理由で開催を容認する意見が少なからず見られました。

これと同じような図式を、本書の中で目にされませんでしたか？

日本人は、昔も今も、情緒的な美談が大好きです。特に、自己犠牲を伴う美談が。

それ自体は、特に非難されるようなことではありません。

けれども、多くの日本人は美談をただ「美談として消費する」だけで、その美談が社会にどのような影響をもたらすのか、その美談を何らかの政治目的や商業目的に利用しようとする個人や団体がいるのではないか、という「周囲の状況」には、ほとんど関心を向けません。

ある美談をメディアが盛り上げれば、自分も「感動」で気持ちよくなって楽しむ。

そんな日本人の特質を、大日本帝国の軍人や政治家、メディアは、戦争を煽るという目的のために最大限利用しました。

彼らは、肉弾三勇士から神風特攻隊まで、軍人の自己犠牲を際限なく称揚し、「お国のために死ぬこと」を物語化し、国民が手本にすべき美談として社会に拡散し続け、国民が戦争に反対する意見を言えなくする「空気の壁」を創り出しました。

二〇二一年の日本でも、先に紹介した女子水泳選手のような「美談」をメディアが社会に広めるごとに、市民が東京五輪に反対する意見を言えなくなる「空気の壁」が高まり、開催がメディアによって既定路線化されていきました。

もし日本が、次に戦争の当事国となった時、政権与党の政治家や大手新聞・テレビ、公共放送のNHKは、どんな態度をとるでしょうか。

◆大日本帝国の「敗戦」を完結しなければ本物の民主主義国になれない

敗戦後の再スタートから七五年以上が経過してもなお、日本の社会がヨーロッパ諸国のような「成熟した民主主義国」になれない理由は何なのか。

本書は、その問いに対する私なりの答えです。

第四章で紹介したように、一九四五年の敗戦直後は、自滅的な戦争を引き起こし、中国や東南アジア各地と太平洋の島々に住む住民に大きな災厄をもたらしただけでなく、大日本帝国の軍人や民間人（朝鮮・台湾の人も含む）にも理不尽な犠牲を強いて国土を荒廃させた「大日本帝国型の精神文化」の弱点や構造的欠陥を、当時の文部省は的確に分析し、それを克服するための道筋を、全国の教師に指し示していました。

そして、本物の「民主主義」とは何なのか、政治が国民を犠牲にせず、一人一人の市民として尊重し、大事にするような政治体制を築いていくには、何が必要なのかを網羅的に教えるための教科書『民主主義』を、全国の中学生や高校生に読ませました。

けれども、あれから七五年以上経った今、日本社会はそうした先人の努力を、きちんと受け継いで活《い》かしていると言えるでしょうか？

むしろ、当時指摘された「大日本帝国型の精神文化」の弱点や構造的欠陥が、再び国の中枢や日本全国の市町村を、じわじわと侵蝕しているのではありませんか？

このまま、日本の社会がそれと自覚しないまま、「大日本帝国型の精神文化」の弱点や構造的欠陥に染まっていったなら、その先に何が起こるでしょうか。

戦後の日本は、日本国憲法の理念として知られる「国民主権、平和主義、基本的人権の尊重」を社会規範の三本柱としてきたはずですが、本書でも指摘したように、「大日本帝国型の精神文化」は、端的に言えば、この三つの正反対の政治体制でした。

もし、国民がその問題点や危険性に注意を払わず、情緒的な「日本は素晴らしい国」とか

「日本人に生まれてよかった」などの、甘い気分に浸れる美辞麗句に酔い、それと気づかずに「大日本帝国型の精神文化」の復活を受け入れればどうなるか。日本の社会は次第に「国民が主権＝政治問題の決定権を持たず、平和主義とは対極の武力強化を主眼とする安全保障政策を推進し、基本的人権が政府からも他の国民からもないがしろにされる国」へと変化（あるいは回帰）していくことになるでしょう。

もうすでに、そんな兆候や形跡が、あちこちで見つけられるのではありませんか？

戦争で荒廃した焼け跡から、この国を再興し、経済の復興を成し遂げ、いわゆる「先進国」へと育ててくれた先人たちの努力には、感謝の気持ちしかありません。

社会的弱者がいろいろな場所で虐げられ、苦しめられる事例が戦後の日本でも存在したことは重い事実ですが、それでも二〇世紀後半の日本は、世界でも比較的恵まれた、人々が安心して暮らせる豊かな国になっていたと思います。

それは、「国民主権、平和主義、基本的人権の尊重」を社会規範の三本柱とする日本国憲法下の日本でなされた大事業でした。もし日本が戦後も「大日本帝国憲法」下の国で、封建的で硬直した社会規範のままであったとしたら、国民主権も平和主義も基本的人権の尊重もないまま、弱い立場の人々が各種の差別や犠牲的奉仕の強要で苦しめられ、国としての繁栄も成長もなかったことでしょう。

しかし、戦後の日本人はその一方で、本物の「民主主義」とは何であるのかを、我がこととして日々考え続けることを、ずっと怠ってきたようにも感じます。

我々日本人は、敗戦によってGHQから与えられた「民主主義」を、戦後の社会で育ててきたはずでした。しかし実際には、我々日本人の多くは、「あそこに民主主義の苗がある」という事実をただ単に「知っていた」だけで、その苗に水をやったり、太陽の光が当たる場所に鉢を置いたりする努力を、してこなかったのではないでしょうか。

その結果、せっかくもらった「民主主義の苗」は、ある段階で成長が止まってしまい、今では弱って枯れそうになっています。その上、葉っぱや幹には、戦後の日本では駆除されたと思い込んでいた「大日本帝国型の精神文化」という虫が再び大量発生し、ただでさえ弱っている「民主主義の苗」をさらに弱らせ、枯れさせようとしています。

こうした状況で、なお「日本が民主主義の国であり続けて欲しい」と願うなら、我々は二つの対処をしなくてはなりません。

一つは、戦後の日本人がなんとなく他人任せにしてきた、本物の「民主主義」とは何であるのかを、我が事として日々考え続けること。

そしてもう一つは、社会のあちこちで再び目につくようになった「大日本帝国型の精神文化」に注意を払い、それが「民主主義の苗を弱らせる力」を過小評価せず、発見するごとに躊躇《ちゅうちょ》せず取り除くことです。

つまり、本来ならGHQの占領統治下にあるうちになされるべきだった「敗戦の完結」を、今の我々の世代でやり遂げる、ということを意味します。

心のやさしい人は、「大日本帝国型の精神文化」が身にまとう、情緒的な言葉や概念に目や心を奪われて、それを「日本という国が取り戻すべき美しいもの」であるかのように信じてしまいそうになるかもしれません。建国神話や天皇、先祖にまつわる各種の物語は、そんな風に人々を酔わせる「麻薬」や「口当たりは甘いが実はアルコール度数の高いお酒」のような効果を発揮します。

けれども、本書で数々の事例を挙げて論考してきたように、実際の大日本帝国は、日本の長い歴史上で最悪の犠牲と荒廃を、この国にもたらした政治体制でした。

大日本帝国ほど、多くの自国民（および中国や朝鮮半島、東南アジアの人々）を美辞麗句の大義名分で理不尽な死へと追いやり、人々から幸福を奪ってきた政治体制は、日本史をさかのぼっても他に例がありません。
その厳しい現実を直視すれば、酒や麻薬の酔いは醒《さ》め、日本の社会から「大日本帝国型の精神文化」を排除することが、今の若い世代や子どもたち、そしてこれから生まれてくる世代に対する、今の日本を生きる大人の責任であると理解できるはずです。

本書が、そのような意識の転換に少しでも寄与できるなら、著者として本望です。

あとがき

日本の社会に根強く残る「大日本帝国型の精神文化」は、二つの意味において、日本人にとって危険な麻薬だと思います。

一つは、人々の弱った心の隙間に静かに入り込んでくること。

もう一つは、服用すると一時的に高揚感や優越感、陶酔感を味わえますが、健全な思考力が蝕《むしば》まれ、自らを破滅へと導く道を「理想郷への道」だと錯覚してしまうこと。

日中戦争からアジア太平洋戦争へと続いた戦史を研究していると、あの時代を生きた多くの日本人が異様な高揚感と優越感、陶酔感のうちに、生活を圧迫する戦争の拡大を喜び、お国のために自らの暮らしや命を捧げることに疑問を抱かなくなっていく様子を、当時の新聞や雑誌、書物、戦後に著された手記や研究書を通じて知ることができます。

一九六七年（昭和四二年）生まれの私は、幸運にも、そんな目に遭うこともなく、日本の社会が平和で豊かだった時代を謳歌した世代です。軍に徴兵されて他国の人間を殺せと命令されることも、他国の爆撃機から落とされる焼夷弾や核兵器に怯《おび》えることもなく、何らかの仕事をしていれば、衣食住にもさほど苦労はせずに済みました。

そんな時代を生きた大人の一人として、これからの世代が戦中のような苛酷な境遇に置かれて、命や暮らしがないがしろにされる光景を目にしたくありません。

そうならないようにするのが、我々大人の役目であり、責任だと考えています。

本書は、そのような問題意識による、一人の文筆家からの問いかけです。

複雑に絡み合う問題を、どのように整理して提示するのが最善なのか、簡単には答えが見つからず、気がつくと本文の執筆作業に着手してから二年が経過していました。この間、全体構成の組み直しを五回も行いましたが、二〇二一年七〜八月の東京五輪強行開催を第一章に置くことで全体のバランスが整い、現在のような形に落ち着きました。

紙幅の関係から、本文では深入りできなかった論点が数多くありますが、それらについては過去の著作で詳しく論考していたこともあり、極力内容が重複しないよう心掛けて、新たな論点を優先する姿勢をとりました。

二〇一二年十二月の第二次安倍政権発足以降、日本社会で急速に「大日本帝国型の精神文化」が復活した背景には、安倍政権を支えた「保守系」の政治運動団体「日本会議」の存在がありました。この集団が共有する、権威主義的な思考形態や価値判断基準（選択的夫婦別姓への反対など）、理想とする社会の目標、そして「憲法改正」にあれほど強い熱意を注ぐ理由については、『日本会議』で詳しく解析しました。

日本人、とりわけ軍人の心に、際限のない自国優越思想（天皇を戴く大日本帝国とその国民を世界で最も優れたものと見なし、他国とその国民を見下し蔑む思想）を植えつける契機となった、一九三五年の「国体明徴声明」とそれに続く「国体思想」については、現代の日本との関連も含めて、『［増補版］戦前回帰』と『「天皇機関説」事件』で詳しく解説しています。

大日本帝国時代の日本の大手メディア、具体的には朝日新聞・毎日（東京日日、大阪毎日）新聞・読売新聞などの新聞各紙と日本放送協会（ＮＨＫ）ラジオは、日中戦争の勃発直後（一九三七年七月）から敗戦（一九四五年八月）までの八年間、自発的に「政府と軍部の宣伝機関」と化し、独自の視点を捨て、政府と軍部のウソで国民を欺く片棒を担ぎ続けました。

当時の大手メディアが「報道の自由」と「批判的思考」を自ら放棄し、強い権力を持つ国の支配層にすり寄り、宣伝と広報を担う下僕となった経緯については、『１９３７年の日本人』（朝日新聞出版）で光を当てましたので、ぜひご参照ください。

第五章で部分的に言及した、日本の「歴史修正主義」、具体的には「大日本帝国の名誉を守ることを目的とする歴史的事実の否認や歪曲」については、その背景となる思考形態を含めて『歴史戦と思想戦』で多角的に読み解いています。本書と合わせてお読みになれば、今の日本社会に蔓延する「何かおかしい歴史解釈」への違和感の正体を理解でき、漠然とした心のモヤモヤが晴れるのでは、と思います。

第五章の最後で、「大日本帝国型の精神文化」を、民主主義の苗を枯らしてしまう「害虫」に喩えましたが、この比喩の対象はあくまで「精神文化」つまり「考え方」であり、その考え方を持つ「人や集団」ではないことに注意してください。

実際、「日本人に生まれてよかった」などの、一見すると人畜無害な「自国優越思想の入り口」から、少しずつ「大日本帝国型の精神文化」に染まっていく人は、現代の日本で増えている様子ですが、そうした人たちが、本書で指摘したような「大日本帝国型の精神文化が持つ真の恐ろしさ」を、きちんと理解しているかどうかは疑問です。

先の戦争の最後の二年、言い換えれば大日本帝国時代の最後の二年に、この国の支配勢力（政府と軍部）は、自国民と他国民に多くの犠牲を強い、人の命を軽んじていました。それを正しく認識した上で、なお「自分が兵士として遠い外国のジャングルで餓死させられる立場になってもいいから」とか「食べ物がなくなって家族と集団自決し、自分の育てている子どもや、自分を育ててくれた両親を刃物や石で殺す立場になってもいいから」もう一度あの時代の日本に戻したい、と考える人は、たぶん一人もいないでしょう。

それゆえ、そんな人たちにも「大日本帝国型の精神文化が持つ真の恐ろしさ」を正確に理解してもらいたいとの思いを、本書の執筆時には強く意識しました。

伊丹万作という映画監督は、敗戦翌年の一九四六年、「映画春秋」という雑誌の八月号に「戦争責任者の問題」という論考を寄稿しました。彼はその中で、敗戦直後の日本人が「我々は政府や軍部にだまされていた」という論法で自分たちの責任を回避しようとする行動を厳しく批判し、次のように「国民側が負うべき責任」を指摘しました。

だまされたということは、不正者による被害を意味するが、しかし、だまされたものは正しいとは、古来いかなる辞書にも決して書いてはないのである。（略）

一度だまされたら、二度とだまされまいとする真剣な自己反省と努力がなければ人間が進歩するわけはない。（略）現在の日本に必要なことは、まず国民全体がだまされたということの意味を本当に理解し、だまされるような脆弱《ぜいじゃく》な自分というものを解剖し、分析し、徹底的に自己を改造する努力を始めることである。

本書は、「日本が『本物の民主主義国』となるために必要なこと」という第五章のタイトルが示す通り、本物の民主主義とは何なのかについて、過去の歴史や現在の出来事と関連づけながら、理解を深めようという試みでもあります。

本物と偽物の「民主主義」の違いが何かを理解していなければ、日本人はまた国の支配層によって簡単に「だまされる」可能性が高まります。

今の中国（中華人民共和国）や北朝鮮（朝鮮民主主義人民共和国）は、どの角度から光を当てても、本質的な意味での「民主主義国」とは言えません。少数の政治的支配者が絶対的な権力を握り、国家の威信と軍事力の強化を優先し、自国民の人権を尊重せず、政治上の意思決定を国民全体の要望とは無関係に下しているからです。

しかし、だからと言って現在の日本のような「中国や北朝鮮との対決姿勢を示す国」や「民主主義の超大国とされるアメリカの同盟国」が、そのスタンスゆえに自動的に「民主主義が成熟した国」であるとは限りません。

二〇世紀後半の東西冷戦期、アメリカの同盟国として「西側」に属した国には、民主主義とはほど遠い、強権的な「親米右派独裁国」が数多く含まれていました。

韓国の朴正熙《パクチョンヒ》や全斗煥《チョンドゥファン》、フィリピンのマルコス、インドネシアのスハルト、南ベトナムの（ゴ・ディン・）ジエム、ニカラグアのソモサ、パナマのノリエガ、チリのピノチェトなどの国家指導者がそれらの国の独裁者に該当しますが、彼らに共通するのは「反共」つまり共産党敵視の姿勢をアメリカにアピールしていたことです。

冷戦期のアメリカ大統領は、民主主義国として成熟しているかや、自国の国民を民主的に統治しているかではなく、「反共」を国是として強く打ち出しているか、自国の共産党やそのシンパを容赦なく弾圧しているかで、同盟国か否かを判断していました。

少数の政治的支配者が絶対的な権力を握り、国家の威信と軍事力の強化を優先し、自国民の人権を尊重せず、政治上の意思決定を国民全体の要望と無関係に下すような国でも、政権が「反共」のスタンスなら、アメリカは同盟国として認めていたのです。

そういえば、と最近「思い当たる節」に気づいた方もおられるかもしれません。

この数年、自民党政権とその支持者は、日本共産党という決して有力とは言えない野党をことさら敵視し、攻撃する「アピール」を繰り返しています。

自民党の河野《こうの》太郎議員は、二〇二一年十月八日に千葉県で行った衆院選の与党候補者応援演説で「共産党（の手法）は、一歩でも靴をドアの中に入れたら、こじ開けてその家を乗っ取る。それが世界中の共産主義国家のやり口、スタートだ」「（今回の衆院選は）日本が共産主義に染まってしまうのかどうかが問われる選挙だ」などと、ことさら「共産党の脅威」を誇張し、有権者に向けて不安を煽るスピーチを行っていました。

そして、同年十月十三日の「毎日新聞」は、こうした河野議員の「政治的アジテーション」を批判的思考で分析することもせず、そのまま記事にして社会に拡散しました。

過去の歴史を「知る人」と「知らない人」では、これらの事実が持つ「意味」の認識も大きく異なるでしょうが、歴史を「知る人」であれば、こうした「共産党への罵倒攻撃」の手法を、東西冷戦期の「反共親米右派独裁国」だけでなく、戦前の大日本帝国やドイツのナチ党も、強権支配のためによく使っていた事実を思い起こすでしょう。

我々の暮らす日本は、またそんなところへ連れ戻されようとしている模様です。

自分のために、家族や子ども、これから生まれてくる世代のために、一人の大人として何をすべきなのか。物事を自分の頭で判断するのを止め、強い力を持つ上位者には黙って従う、という今までのやり方を、これからも続けていくのか。
このまま「日本の民主主義」が枯れていくのを、他人《ひと》ごとのように傍観するのか。
今の自分に何ができるか、みんなで一緒に、立ち止まって考えてみませんか？

最後に、本書の編集作業を担当してくださった集英社新書の細川綾子氏をはじめ、本書の編集、制作および販売に携わってくださったすべての方々に、心からお礼を申し上げます。
また、本書を執筆するにあたって参考にさせていただいたすべての書物や記事の著者・編者の方々にも、敬意と共にお礼を申し上げます。

山崎雅弘

二〇二二年五月一日

主要参考文献

朝日新聞「新聞と戦争」取材班『新聞と戦争』朝日新聞出版、二〇〇八年
雨宮昭一『占領と改革（シリーズ日本近現代史7）』岩波新書、二〇〇八年
伊ヶ崎暁生、吉原公一郎編・解説『戦後教育の原典1　新教育指針』現代史出版会、一九七五年
伊ヶ崎暁生、吉原公一郎編・解説『戦後教育の原典2　米国教育使節団報告書他』現代史出版会、一九七五年
井口和起、木坂順一郎、下里正樹編『南京事件　京都師団関係資料集』青木書店、一九八九年
岩井忠熊『「靖国」と日本の戦争』新日本出版社、二〇〇八年
岩田重則『靖国神社論』青土社、二〇二〇年
上原良司著、中島博昭編『新装版　あゝ祖国よ　恋人よ　きけわだつみのこえ　上原良司』信濃毎日新聞社、二〇二一年
NHK取材班『データでよみとく　外国人〝依存〟ニッポン』光文社新書、二〇一九年
NHK取材班『外国人労働者をどう受け入れるか――「安い労働力」から「戦力」へ』NHK出版新書、二〇一七年
大島隆之『特攻の真実――なぜ、誰も止められなかったのか』幻冬舎文庫、二〇一八年
大貫健一郎、渡辺考『特攻隊振武寮――帰還兵は地獄を見た』朝日文庫、二〇一八年
小沢郁郎『改訂版　つらい真実　虚構の特攻隊神話』同成社、二〇一八年

「外国人実習生」編集委員会編『外国人実習生　差別・抑圧・搾取のシステム』学習の友社、二〇一三年
外務省特別資料部編『日本占領及び管理重要文書集』（第一巻　基本篇）東洋経済新報社、一九四九年
加古陽治編著『真実の「わだつみ」　学徒兵　木村久夫の二通の遺書』東京新聞、二〇一四年
梶谷善久編『レッドパージ　失われた人権と報道の自由』図書出版社、一九八〇年
川喜田敦子「ドイツにおける現代史教育　ナチの過去に関する歴史教育の変遷と展望」、「ヨーロッパ研究」4、二〇〇五年
木村松子「『新教育指針』序論（文部省　1946）の再検討――「国民」（"people"）の捉えを中心として」、「学校教育研究」16号、二〇〇一年
栗原俊雄『特攻――戦争と日本人』中公新書、二〇一五年
鴻上尚史『不死身の特攻兵――軍神はなぜ上官に反抗したか』講談社現代新書、二〇一七年
『魂《こころ》のさけび　鹿屋航空基地新史料館10周年記念誌』鹿屋航空基地史料館連絡協議会、二〇〇三年
塩田庄兵衛『レッドパージ』新日本新書、一九八四年
柴田政子「第二次世界大戦に関するドイツの中等学校歴史教科書調査――イギリスとの比較検討」、「筑波大学地域研究」30、二〇〇九年
島薗進『戦後日本と国家神道――天皇崇敬をめぐる宗教と政治』岩波書店、二〇二一年
島薗進『神聖天皇のゆくえ――近代日本社会の基軸』筑摩書房、二〇一九年
島薗進『国家神道と日本人』岩波新書、二〇一〇年
島薗進『明治大帝の誕生　帝都の国家神道化』春秋社、二〇一九年

「週報」第四二四－五合併号、一九四四年十二月八日、情報局
『新教育指針』（第一～第四分冊、附録・マッカーサー司令部発教育関係指令）文部省、一九四六～四七年
神社本庁編『靖国神社』ＰＨＰ研究所、二〇一二年
巣内尚子『奴隷労働　ベトナム人技能実習生の実態』花伝社、二〇一九年
高岡修編『新編　知覧特別攻撃隊――写真・遺書・遺詠・日記・記録・名簿』ジャプラン、二〇一〇年
高木俊朗『特攻基地知覧』角川文庫、一九七三年
高木俊朗『陸軍特別攻撃隊』（1～3）文春学藝ライブラリー、二〇一八～一九年
武井彩佳『歴史修正主義――ヒトラー賛美、ホロコースト否定論から法規制まで』中公新書、二〇二一年
竹前栄治『占領戦後史』岩波現代文庫、二〇〇二年
『只一筋に征く　陸軍特別攻撃隊の真実――愛するものを護るため、大空に飛び立った若者たち』ザメディアジョン、二〇〇六年
谷口眞子「1930年代の日本における『葉隠』の普及過程」、「WASEDA RILAS JOURNAL」No.6、二〇一八年
帖佐勉『軍国少年はこうして作られた　昭和14～20年、戦時教育の記録』南方新社、二〇〇八年
戸髙一成編『特攻　知られざる内幕――「海軍反省会」当事者たちの証言』ＰＨＰ新書、二〇一八年
『特攻この地より　かごしま出撃の記録』南日本新聞社、二〇一六年
南京戦史編集委員会編『南京戦史』偕行社、初版一九八九年／増補改訂版一九九三年
南京戦史編集委員会編『南京戦史資料集Ⅰ』偕行社、初版一九八九年／増補改訂版一九九三年

南京戦史編集委員会編『南京戦史資料集Ⅱ』偕行社、一九九三年
新渡戸稲造（山本史郎訳）『対訳　武士道』朝日新書、二〇二一年
日本戦没学生記念会編『新版　きけ　わだつみのこえ　日本戦没学生の手記』岩波文庫、一九九五年
日本戦没学生記念会編『新版　第二集　きけ　わだつみのこえ　日本戦没学生の手記』岩波文庫、二〇〇三年
秦郁彦『靖国神社の祭神たち』新潮選書、二〇一〇年
樋貝義治『戦記　甲府連隊——山梨・神奈川出身将兵の記録』サンケイ新聞社、一九七八年
藤原彰『餓死《うえじに》した英霊たち』ちくま学芸文庫、二〇一八年
藤原彰『南京事件をどうみるか　日・中・米研究者による検証』青木書店、一九九八年
藤原彰『南京の日本軍——南京大虐殺とその背景』大月書店、一九九七年
保阪正康『「特攻」と日本人』講談社現代新書、二〇〇五年
星野安三郎『戦後日本の教育と憲法——その歴史的展開』（上・下）新評論、一九七一年
升味準之輔『戦後政治　一九四五 - 五五年』（上・下）東京大学出版会、一九八三年
満田康弘『クワイ河に虹をかけた男——元陸軍通訳永瀬隆の戦後（教科書に書かれなかった戦争PART57）』梨の木舎、二〇一一年
三宅明正『レッド・パージとは何か——日本占領の影』大月書店、一九九四年
明神勲『戦後史の汚点　レッド・パージ——GHQの指示という「神話」を検証する』大月書店、二〇一三年

靖国神社編『遊就館　図録』靖国神社、二〇〇八年
山室建徳編『日本の時代史25　大日本帝国の崩壊』吉川弘文館、二〇〇四年
吉田俊純『水戸学と明治維新』歴史文化ライブラリー、吉川弘文館、二〇〇三年
吉田裕『天皇の軍隊と南京事件――もうひとつの日中戦争史』青木書店、一九八六年
吉田裕『日本軍兵士　アジア・太平洋戦争の現実』中公新書、二〇一七年
吉田裕『日本人の戦争観　戦後史のなかの変容』岩波書店、一九九五年
吉田裕編『日本の時代史26　戦後改革と逆コース』吉川弘文館、二〇〇四年
読売新聞戦後史班編『昭和戦後史　教育のあゆみ』読売新聞社、一九八二年
デニス・ウォーナー、ペギー・ウォーナー（妹尾作太男訳）『ドキュメント神風　特攻作戦の全貌』（上・下）時事通信社、一九八二年
マーク・T・オア（土持ゲーリー法一訳）『占領下日本の教育改革政策』玉川大学出版部、一九九三年
リンヨン・ティッルウィン（田辺寿夫訳）『死の鉄路　泰緬鉄道ビルマ人労務者の記録』毎日新聞社、一九八一年
T・フジタニ（米山リサ訳）『天皇のページェント　近代日本の歴史民族誌から』NHKブックス、一九九四年
イアン・ブルマ（石井信平訳）『戦争の記憶　日本人とドイツ人』TBSブリタニカ、一九九四年
ケネス・ルオフ（木村剛久、福島睦男訳）『国民の天皇――戦後日本の民主主義と天皇制』岩波現代文庫、二〇〇九年

Rod Beattie, *The Thai-Burma Railway*, The Thailand-Burma Railway Centre, 2007
新聞・雑誌記事（ネット版含む）多数
公式統計・各種公刊資料多数